Harz

HARZ

Text von Roger Rössing
Fotografien von Renate Rössing

HINSTORFF

Auf dem Schutzumschlag: Brockenblick
Vorhergehende Seiten:
Im Barockpark von Blankenburg beim Kleinen Schloß

Übersetzungen ins Englische von Patrick Plant

Bildnachweis:
Archiv Rössing – alle s/w-Abbildungen
Fremdenverkehrsverein Harz, Braunlage: Abb. S. 151

Die Deutsche Bibliothek – CIP Einheitsaufnahme
Harz / Text von Roger Rössing. Fotogr. von Renate und Roger Rössing. [Übers. ins Engl. von Patrick Plant]. – 1. Aufl. – Rostock : Hinstorff, 1997
ISBN 3-356-00709-2
NE: Rössing, Roger; Rössing, Renate

1. Auflage 1997
Herstellung: Druck- und Verlagshaus Erfurt GmbH
Printed in Germany
ISBN 3-356-00709-2

Inhalt

Vorwort **Seite 7**

Von Kaisern und Königen **Seite 9**

Es grüne die Tanne, es wachse das Erz ... **Seite 20**

Felsen, Schluchten, Wälder **Seite 40**

Die Hexen auf den Brocken ziehn ... **Seite 44**

Von Glauben und Aberglauben **Seite 53**

Kirchen, Klöster, Burgen **Seite 57**

Städte aus Holz und Stein: Fachwerk **Seite 81**

„Sommerfrische" und Wintersport **Seite 96**

Die Bode und ihre Schwestern **Seite 105**

Zeittafel **Seite 121**

Literaturhinweise **Seite 129**

The Harz Mountains **Seite 133**

List of Illustrations **Seite 141**

Ortsregister **Seite 148**

Karte **Seite 152**

... die Nebel stiegen höher und höher zwischen den
schwarzen Bergen; die Wolken formten sich
in wunderbare Gestalten. Dort, dachte ich,
in diesem weiten Umkreis wächst die Zauberblume,
die Glücksblume der Harzbewohner, die manches
kindliche Herz noch in frommer Einfalt sucht.
Nur einer hat sie gefunden, aber er kannte
sie nicht, bis er sie wieder verloren hatte;
ich suchte sie nicht hier, ich wußte,
daß sie in meinem Herzen wuchs, die Engel
hatten das Samenkorn hineingelegt, als
ich noch in der Wiege schlummerte; sie blühte
empor, sie verbreitete ihren magischen Duft –
die Phantasie, diese herrliche Blume des Lebens,
entfaltete sich immer mehr in meinem Herzen,
und ich hörte und sah eine größere Natur um mich her ...

Hans Christian Andersen

Vorwort

Frühling im Bodetal. Das erste Grün bricht aus den Knospen, über den glucksenden Wassern zeigen sich zarte Sträucher, noch in ganz frischem Kleid. *Sommer* am Boxberg. Warme Sonne liegt über den Wiesen, Lerchen schießen durch die Haufenwolken, ruhedurstige Urlauber lassen sich von bunten Gondeln sanft auf den Berggipfel tragen. *Herbst* – das ist die eigentliche Harz-Jahreszeit! Morgendunst zwischen Baumriesen und Klippen, der Duft von moderndem Laub, die Feuchte von Moos auf geborstenen Stämmen; die Farben, herbstlich rot, aber gebrochen durch die Nebel, die von den Bergen herunterziehen und die Schwaden, die aus den glimmenden Meilern kommen; Frostkühle, dem drohenden *Winter* vorweggenommen, der dann sein weißes Tuch über die Hügel und Berge breitet, den Ufern einen Spitzenbesatz aus Eis häkelt und die Bäume mit Schneewatte schmückt. Doch vorerst ist Herbst, goldener Oktober, melancholischer November, und Schleier liegen auf abgeernteten Feldern – Harz und Herbst, das ist eine Verbindung wie Meer und Wind ...

Ein Gebirge ist es schon, das Harzer Land, und zwar das nördlichste Deutschlands, aber Gletscher, Felsgipfel, Lawinen, ewiges Eis sucht man vergebens. Und wenn von seinen Grenzen und seiner Ausdehnung die Rede ist, muß man sich fragen, ob man unter dem Aspekt der Geschichte, der Geologie, des Tourismus oder der Statistik seine Erkundungen betreibt. Alle die gerodeten Flächen, die am Fuß der Berge noch vor tausend Jahren mit Wald bedeckt waren – die Namen der Städte und Dörfer enden dort meist auf -rode – , zählen mit dazu. Und wer wollte die Städte Quedlinburg oder Halberstadt, wer wollte das Kyffhäusergebirge ausgrenzen, wenn vom Harz gesprochen wird? Im eigentlichen Sinne sind sie, wie auch Bad Gandersheim, Hettstedt oder Eisleben, im Harzvorland gelegen – Eingangspforten zum Gebirge.

Selbst die Einteilung in Ober- und Unterharz ist fragwürdig. Denn es tritt zwar in den Höhengliederungen und in den Formen der Landschaft ein deutlicher Unterschied zutage, aber eine natürliche Grenze zwischen den beiden Hauptteilen des Gebirges ist nicht erkennbar. Der Harz, dessen Name auf das althochdeutsche Hart (Bergwald) zurückgeht, erstreckt sich zwischen Saaletal und Leinesenke, niedersächsischem Vorland und Thüringer Becken. Seine höchsten Erhebungen neben dem sagenumwobenen, meist wolkenverhüllten König Brocken (1142 m) heißen: Kleiner Brocken 1019 m, Heinrichshöhe 1044 m, Königsberg 1034 m, Ackerbruchberg 982 m, Wurmberg 971 m,

Ramberg 852 m und Auerberg 575 m. Hervorstechend ist der Wasserreichtum der Region. Die Täler der Bode, Selke und Oker sowie die mehrerer anderer Flüsse zeigen in der Nähe der Gebirgsränder ihre herausragenden Schönheiten. Auch zahlreiche Teiche, vor allem aber die mächtigen Stauseen – an ihrer Spitze die Oker- und die Rappbodetalsperre – prägen das Bild der unverwechselbaren Harzlandschaft, die sich mal romantisch, mal düster präsentiert; mal lieblich, mal schroff; mal geheimnisvoll, mal grandios.

Wirtschaftlich wurde die Entwicklung dieses Landstrichs durch reiche Erzfunde bestimmt, deren Abbau sich bis ins 10. Jahrhundert zurückverfolgen läßt und die die Basis für die Gründung großartiger Kirchenbauten und prunkvoller Profanarchitektur bildeten. Der Umstand, daß Ost- und Westharz in jüngster Vergangenheit ein halbes Jahrhundert lang unter extrem gegensätzlichen Gesellschaftssystemen existierten – erst im Jahr 1990 wurde ja der „Eiserne Vorhang" endgültig geöffnet –, hat zu unterschiedlichen Entwicklungen auf touristischem, ökologischem und psychologischem Gebiet geführt; Unterschiede, die heute nur mehr auf den zweiten Blick, also bei näherem Hinschauen, evident werden. Lediglich der Umstand, daß der Harz nicht mehr am Rande, sondern im Herzen der Bundesrepublik Deutschland liegt, ist unübersehbar.

Was das Harzklima betrifft, so spricht die Tatsache, daß sich hier zahlreiche namhafte und gut besuchte Bäder und Kurorte ansiedeln konnten, eine deutliche Sprache. Interessant ist, was eine alte Quelle zu diesem Thema zu sagen hat (Schönichen, Thüringen und der Harz, 1839): *Daß, je nachdem die Jahreszeit ist, die Luft auf diesen Bergen oft sehr dünn und durch die Wälder auch leicht feucht und Tage lang neblicht sei, leuchtet von selbst ein; dessen ungeachtet ist sie aber aus denselben Gründen bei angewendeter Vorsicht sehr gesund, und von manchen durch Miasmen entstehenden epidemischen Krankheiten, namentlich vom kalten Fieber, weiß man durch die stets von Winden gereinigte Atmosphäre fast gar nichts. Höchst vorteilhaft wirken auf schwache Lungen die Ausdünstungen der Wälder, im Herbste der Geruch der verkohlenden Meiler ...*

Die dunklen Wälder, die früher das Gebirge fast ganz bedeckten, haben den Bewohnern natürlich Angst gemacht; und Angst ist schon immer der Nährboden für Phantasie gewesen, auf dem sie dann wuchern konnten: die Sagen und Legenden, in denen Riesen und Zwerge, Raubritter und Berggeister, Hexen und Dämonen ihr Wesen und Unwesen treiben. Harzsagen – das ist ein schier unerschöpfliches Thema für denjenigen, der dem Charakter dieser Landschaft und ihrer Bewohner nahekommen möchte.

Von Kaisern und Königen

Mitten im schönen Quedlinburg stehen vor einem alten Fachwerkhaus ständig interessierte Leute: Hier soll er also beim Finkenfangen gesessen haben, der junge Sachsenherzog Heinrich der Vogler, „recht froh und wohlgemut", als ihn die Kunde erreichte, er sei deutscher König geworden. Hübsch vorzustellen, diese Legende, wie sie der Dichter Johann Nepomuk Vogl in seiner Ballade „Herr Heinrich sitzt am Vogelherd" teils betulich, teils stramm patriotisch darstellt, und wie sie ganze Generationen von Deutschen als geschichtsverbindlich auswendig gelernt haben. Die Sache kann so nie gewesen sein. Der „blondgelockte Jüngling" war im Jahr 919, als das geschehen sein soll, ein gestandener Mann von 43 Jahren, im Mittelalter also fast schon ein Greis; das „Hoch lebe Kaiser Heinrich!", mit dem ihm die Ritter huldigten, stimmt ebenfalls nicht: Heinrich wurde König; und am Quedlinburger Finkenherd kann sich die Ernennung nun wirklich nicht abgespielt haben, weil die Königswahl auf dem Reichstag zu Fritzlar stattgefunden hat – und da war kein „Preisen und Jauchzen", sondern eher ein Streiten und Hadern, denn die da über die Königswahl zu entscheiden hatten, waren untereinander tief zerstritten. Heinrich hat wohl nicht „bewegt seinem Herrgott gedankt", sondern sich erbittert seiner Widersacher erwehrt, der Bayern und Schwaben. Schöne Legenden zerstieben leider oft bei gründlicherem Hinsehen auf höchst unpoetische Weise – so bedauerlich das für die Romantiker unter den Geschichtsbeflissenen auch sein mag. Was nun die Stadt Quedlinburg wirklich eng mit Heinrich verbindet, ist die Stiftung des Klosters auf dem Burgberg für seine Frau Mathilde, womit er den Grundstein legte für die geistige und geistliche Entwicklung –

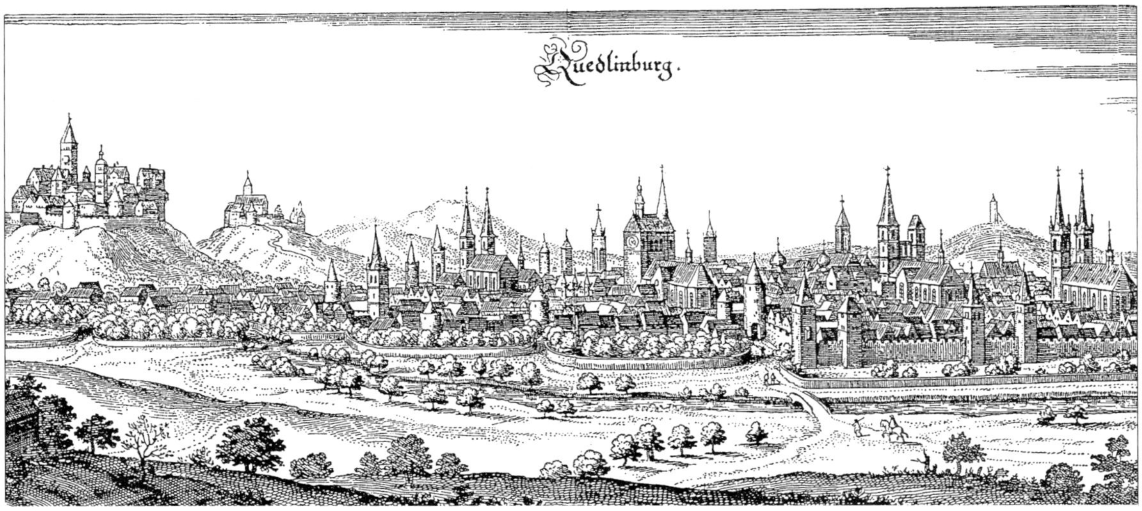

Quedlinburg, Merian-Stich um 1650

das Quedlinburger Damenstift St. Servatius stieg zu bedeutender Höhe auf und wird von den Fachleuten für mittelalterliche Geistesgeschichte mit Sankt Gallen, Hersfeld und Reichenau in einem Atemzug genannt –, aber auch für einen der architekturgeschichtlichen Gipfelpunkte des Harzes, ja vielleicht ganz Deutschlands. Wie zwiespältig andererseits die Entwicklung des Stifts verlief, zeigt ein Ereignis aus dem Jahr 1477. Die Bürgerschaft Quedlinburgs errang mehr und mehr Einfluß, Macht und damit Selbstbewußtsein. Otto III. hatte 994 das Markt- und Zollrecht gewährt, was eine Anhäufung von Wohlhabenheit mit sich brachte. 1426 trat man der Hanse bei, einem Schutzbündnis, das sich zu einer Partnerschaft für den Ausbau des Verkehrs und des Handels entwickelte und dem im Umfeld des Harzes unter anderen bereits die Städte Halle, Goslar, Göttingen, Hannover und Merseburg angehörten. Der Quedlinburger Rat gab in seinem Stolz auf das Erreichte 1461 eine steinerne Rolandfigur in Auftrag als Sinnbild der Unabhängigkeit, Rechtshoheit und Marktgerechtigkeit. Und sogar einen Reichsadler führte der Roland im Schilde: das Signal dafür, daß die Bürgerschaft sich allein dem weltlichen Herrscher untertan fühlte. Das Damenstift hingegen litt zunehmend an Geldknappheit, ja die frommen Damen mußten hin und wieder sogar ein Darlehen bei der vermögenden Stadt aufnehmen. Äbtissin war in diesen Jahren Hedwig, eine Tochter Friedrichs des Sanftmütigen. Sie ruft eines unschönen Tages im Jahre 1477 ihre Brüder Ernst und Albrecht zu Hilfe gegen den vermeintlich ungerechtfertigten urbanen Einfluß, und deren Soldateska wütet in der friedlichen Stadt. Bürger werden mißhandelt, Frauen vergewaltigt, Läden werden geplündert, vor allem aber wird der verhaßte Roland in Stücke geschlagen. Mit den städtischen Privilegien ist es damit zu Ende. Geldabgaben an das Kloster werden verordnet – und das in einer Größenordnung, die schon demütigend ist. Nicht einmal das Bündnisrecht bleibt der Bürgerschaft erhalten. Es ist ein schwacher Trost, daß Reformation und Säkularisierung schon am Horizont erahnbar sind, Ereignisse, die auch für das freiweltliche Damenstift schließlich das Ende bedeuten ...

Zum Thema Roland ist noch etwas Ergänzendes zu bemerken: Der Harz ist reich an solchen Figuren wie kaum eine andere deutsche Landschaft. Außer dem genannten findet man drei aus Eichenholz, einen lustigen, bunt bemalten in Questenberg, einen in Nordhausen, in Neustadt einen; und der statisch-ernste steinerne Roland von Halberstadt ähnelt seinem großen Bremer Bruder auf sonderbare Weise.

Heinrich I. hat sich nicht nur durch die Stiftung des Quedlinburger Damenstifts verdient gemacht, sein Beiname „Städtegründer" weist auf seine noch größere Bedeutung hin. In seiner Regierungszeit und

Die Stiftskirche St. Servatius
auf dem Quedlinburger Domberg

Das Kyffhäuserdenkmal

auch später noch ist der Harz sozusagen der Nabel der mittelalterlichen Welt gewesen, denn hier war das Zentrum der Regierungsgeschäfte und – aus heutiger Sicht – die Keimzelle einer einheitlichen deutschen Geschichte.

Kaiser und Könige – wer denkt nicht sofort an den Kyffhäuser bei diesem Thema. Das Kyffhäusergebirge ist ein Beispiel dafür, daß räumliche Begrenzungen immer eine Ermessensfrage sind. Verwaltungstechnisch gehört dieses thüringische „Vorgebirge" nicht zum Harz; historisch und morphologisch aber ganz gewiß. Der kleine Gebirgszug, nicht viel größer als die Halbinsel Darß, ist ein Miniaturabbild des Gesamt-Harzes: ebenfalls als „Pultscholle" entstanden, bewachsen mit wundervollem Laubwald. Doch ist er behaftet mit dem Makel eines fragwürdigen Denkmals: Derselbe Mann, der schon Leipzig mit dem unbescheidenen Koloß des Völkerschlachtdenkmals beglückte, hat auch das Kyffhäuserdenkmal entworfen als Huldigung an Kaiser Rotbart und Kaiser Wilhelm (jenen ersten Wilhelm, der auch vorm

Kaiser Friedrich Barbarossa, Holzschnitt aus dem 16. Jahrhundert

Kaiserhaus in Goslar so ungeheuer gravitätisch auf seinem Pferd verweilt). Die alte Höhenburg Kyffhausen, vermutlich um 1100 errichtet, war eine der größten deutschen Burgen des Hochmittelalters gewesen, unter Barbarossa (1152-90) aus- und umgebaut; später verfiel sie zur Ruine. Leider wurden große Teile dieses historischen Bauwerks bei den Arbeiten zum Kyffhäuserdenkmal, die 1890 begannen, fahrlässig zerstört. Wie so oft in der Weltgeschichte geschah auch hier das eigentlich Unbegreifliche: Einem wahrhaft großen Mann – Kaiser Friedrich I. hatte ja nicht nur zum Kreuzzug für den christlichen Glauben im Heiligen Land aufgerufen, er dehnte auch seine Herrschaft auf Italien aus – widerfuhr zweifelhafte Ehrung durch ein unzulängliches Denkmal. Barbarossa, der rotbärtige Staufer, hat sich, so will es wenigstens die Legende, seinerzeit im Kyffhäuserberg zur Ruhe begeben, zu langwährendem Schlaf. Sein Bart wächst in den Jahrhunderten durch den steinernen Tisch. Erst wenn die Raben, die um den Berggipfel kreisen, ihm das Signal geben, wird er heraustreten und

Quedlinburg, am Finkenherd

Der steinerne Roland am Rathaus von Quedlinburg

den deutschen Landen Frieden und Gerechtigkeit bringen. Als der deutsch-französische Krieg 1871 zu Deutschlands Gunsten ausgegangen war, hielten wohl viele, namentlich die Kriegervereine, den ersten Wilhelm für den Reichserneuerer und feierten ihn zusammen mit dem Stauferkaiser in diesem bombastischen steinernen Ungetüm. Wie die Geschichte indes inzwischen erwiesen hat, wird des Kaisers Bart wohl noch eine Weile wachsen müssen ...

Die dritte, sicher bedeutendste Kaiserstätte des Harzes ist die Stadt Goslar. Heinrich Heine schreibt: *Der Name GOSLAR klingt so erfreulich, und es knüpfen sich daran so viele uralte Kaisererinnerungen, daß ich eine imposante, stattliche Stadt erwartete. Aber so geht es, wenn man die Berühmten in der Nähe besieht! Ich fand ein Nest mit meistens schmalen, labyrinthisch krummen Straßen, allwo mittendurch ein kleines Wasser, wahrscheinlich die Gose, fließt, verfallen und dumpfig, und ein Pflaster, so holprig wie Berliner Hexameter. Nur die Altertümlichkeiten der Einfassung, nämlich Reste von Mauern, Türmen und Zinnen, geben der Stadt etwas Pikantes.*

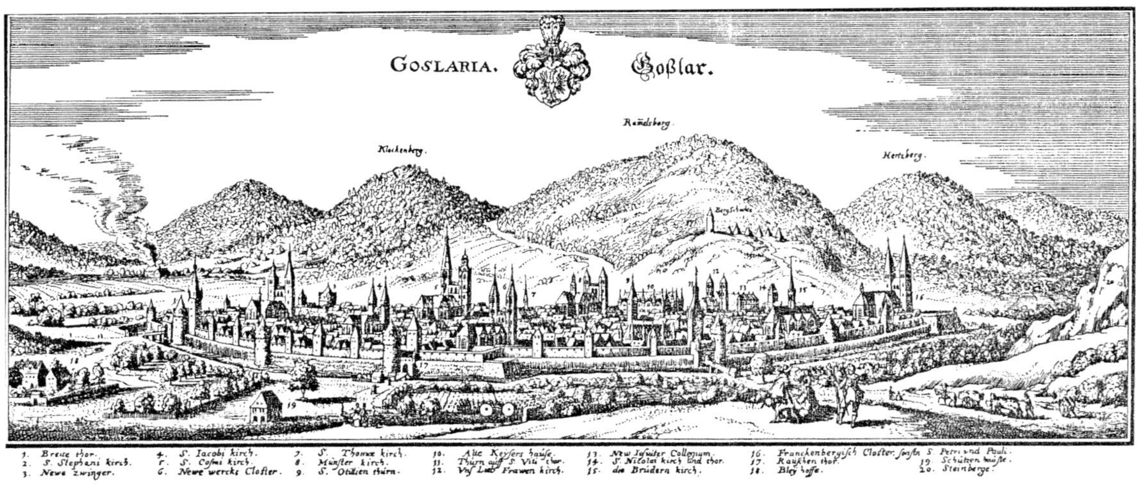

Goslar, Merian-Stich um 1650

Und weiter: *Es stehen da die Standbilder deutscher Kaiser, räucherisch schwarz und zum Teil vergoldet, in der einen Hand das Zepter, in der anderen die Weltkugel; sehen aus wie gebratene Universitätspedelle. Einer dieser Kaiser hält ein Schwert statt des Zepters. Ich konnte nicht erraten, was dieser Unterschied sagen soll; und es hat doch gewiß seine Bedeutung, da die Deutschen die merkwürdige Gewohnheit haben, daß sie bei allem, was sie tun, sich auch etwas denken.*

Die Goslarer Kaiserpfalz, von Heinrich II. im Jahr 1005 errichtet und von den Saliern Konrad II. und Heinrich III. zum „berühmtesten Wohnsitz des Reiches" gemacht, gilt als der größte mittelalterliche Profanbau Deutschlands. Eine Quelle von 1899 (Hoffmann: Der Harz) besagt: *1415 ging der Besitz des alten Reichshauses an die Stadt über und ist bei ihr bis 1866 geblieben. Der 30jährige Krieg machte der altgoslarischen Herrlichkeit ein gründliches Ende. Das Kaiserhaus diente als städtisches Munitionshaus, dann als Schauspielbude und zuletzt gar als Kornspeicher ... Um die Mitte unseres (des 19.) Jahrhunderts glich das ganze einer großen ruppigen Scheune, und es gehörten schon fachkundige Augen dazu, in so trauriger Schale den edlen Kern noch zu erkennen.* Am Ende des 19. Jahrhunderts wurde der Bau umgestaltet und der 705 Quadratmeter große Reichssaal mit hi-

Goslar, Domvorhalle, einziger Rest der alten Stiftskirche

storisierenden Wandgemälden ausgestattet. Ein bedeutendes Bauwerk steht dem Prunkbau gegenüber: Die Domvorhalle von 1150, der einzige verbliebene Rest des einstmals gewaltigen Kaiserdoms von Goslar. Die lateinische Inschrift sagt aus, daß die Vorhalle Reste der alten Domausstattung enthält, darunter den berühmten Kaiserstuhl mit den ornamentierten Bronzelehnen sowie einen Bronzekasten, genannt „Crodo-Altar", von dem es in der eben erwähnten Chronik heißt: *Der Kunstsammler Napoleon Bonaparte hat einst auch diesen Schrein nach Paris reisen lassen, von wo er nach neunjährigem Exil wieder heimkehrte, jedoch nach Abzug alles wertvollen Materials, wie Gold und Edelsteine, für die man in Frankreich inniges Verständnis gehabt zu haben scheint.*

Folgende Seiten: Blick vom Hexentanzplatz

33
38
THALE

Einzigartig ist der Stadtkern Goslars, der sich seit mehreren Jahrhunderten fast nicht verändert hat. An die tausend Fachwerkhäuser sind es, die dem Besucher nicht nur Interesse, sondern auch Bewunderung abnötigen; unter ihnen das legendäre „Brusttuch", das Haus des Hüttenherrn Johannes Tilling. Am Marktplatz erzählt das spätgotische Rathaus von der Blütezeit der Stadt, als sie Mitglied der Hanse wurde; und die Kaiserworth von 1494 mit ihrer Prachtfassade hat ihre Berühmtheit wohl überwiegend durch das volkstümliche „Dukatenmännchen" am linken Erker erhalten. Das mit acht Kaiserstandbildern kostbar herausgeputzte Haus gehörte einst den angesehensten Goslarer Bürgern, den Gewandschneidern. Der Marktbrunnen ist der größte Bronzeguß aus romanischer Zeit. Und der goldene „Reichsadler" auf dem Becken mit seiner absonderlichen Vogel-Anatomie hat sechs Jahrhunderte überdauert. Sechshundert Jahre, in denen nicht immer die wärmende Sonne über dem Reichssymbol glänzte, sondern auch schwere Schatten darüber hinwegzogen.

Was hat wohl die deutschen Kaiser dazu bewogen, Goslar zur Kaiserpfalz, zur Kaiserstadt und zur Stätte mehrerer Reichstage zu erwählen? Waren es die schönen waldreichen Berge der Umgebung? War es der Wildreichtum, der üppige Jagdtrophäen versprach? Näher liegt die Vermutung, daß eine große Faszination von den Silberfunden ausging, die seit dem 10. Jahrhundert für Aufsehen sorgten. Man konnte aus dem Erz Münzen schlagen. Geld half schon immer, Ruhm und Macht zu erringen, Nachbarn zu unterwerfen, Kriege zu finanzieren ...

Es grüne die Tanne, es wachse das Erz ...

Man nehme all die Harz-Souvenirs in Augenschein, die an den Kiosken, Buden, Hotelrezeptionen und Papierwarenläden angepriesen werden. Gewiß, die Brockenhexe in ihren vielfältigen Ausarbeitungen vom geschnitzten Holzfigürchen über das Wurzelweibchen bis zum Stoffpüppchen liegt ganz vorn im Rennen um die Gunst des zahlenden Besuchers. Aber gleich danach findet man einen Spruch auf allerlei Gegenständen, ob golden auf Tellern, ob brandgemalt auf Brettchen, ob gestickt auf Geldbörsen, ob gepunzt auf Stocknägeln, ziseliert auf Löffeln und Gabeln – und der Spruch lautet: „Es grüne die Tanne, es wachse das Erz ..." Eine lebendige Erinnerung daran, daß die Harzregion und ihre Menschen viele Jahrhunderte lang vom Bergbau geprägt worden sind.

Jedes Museum, das auf sich hält, weist hier eine Gesteinssammlung vor, die vom Bergbau zu erzählen weiß, denn viele namhafte Harzorte wurden von Bergleuten gegründet. Schon im 12. und 13. Jahrhundert war die bergmännische Kunst hier so hoch entwickelt, daß mancher Steiger aus dem Harz in der Fremde ein wohlangesehener Gast wurde, und der Harzer Zungenschlag war nicht nur in Skandinavien zu hören oder in Böhmen und der Slowakei – Bergleute aus der Goslarer Gegend begründeten den Bergbau in der Zips, einem Landstrich am Fuße der Hohen Tatra –, sondern auch auf der britischen Insel, ja sogar in den Stollen Australiens und später auf dem neu entdeckten amerikanischen Kontinent.

Sankt Andreasberg ist ganz und gar von der Bergbautradition geprägt. Der Historiker Henning Calvör schreibt in „Die Altertümer des Harzes" (1754): *Auf Veranlassung der Grafen Heinrich und Hans Ernst, Herren zu Lohra und Klettenberg, kamen im Jahre 1520 Bergleute aus Joachimsthal im Erzgebirge, um in Andreasberg nach Erzen zu schürfen. Das Gelände war für die Anlage von Stollen und Schächten wie geschaffen.*

Im Bergbaumuseum von St. Andreasberg, das im späten 16. Jahrhundert 160 Gruben in Betrieb hatte, kann man noch heute Gerätschaften bewundern, die Georg Agricola, der Begründer des Hüttenwesens, 1556 in seinem Standardwerk „De re metallica" beschrieben und abgebildet hat! Seit 1535 wurden hier die berühmten „Andreasthaler" geschlagen, die jahrhundertelang im Hannover-Braunschweigischen das offizielle Zahlungsmittel waren. Die Grube Samson, in der noch bis 1910 Silbererz gefördert wurde, gehörte damals mit 810 Metern zu den tiefsten Schächten der Welt. 1833 erfand der Zellerfelder Ingenieur Dörell die „Fahrkunst", die man einige Jahre danach im „Samson" einbaute: einen über ein Antriebsrad bewegten Lift, der die Kumpel in gut einem Drittel der Zeit wieder nach oben brachte, die sie vorher gebraucht hatten, als sie den gefährlichen Weg noch über Leitern zurücklegen mußten. Diese Fahrkunst, gewissermaßen der Urahn unseres Paternosters, ist als einzige in Europa noch in Betrieb. Oberbergrat Julius Albert, ein Zellerfelder Bürger, erdachte 1835 ein Patent zur Herstellung von Drahtseilen, ohne die der moderne Bergbau und die vielen Bergbahnen überhaupt nicht denkbar wären. Heinrich Heine hat in seiner „Harzreise" geschildert, wie er in Clausthal-Zellerfeld den Einstieg in einen solchen Schacht erleben konnte: *Eine halbe Stunde vor der Stadt gelangt man zu zwei großen schwärzlichen Gebäuden. Dort wird man gleich von den Bergleuten im Empfang genommen. Diese tragen dunkle, gewöhnlich stahlblaue, weite, bis über den Bauch herabhängende Jacken, Hosen von ähnlicher*

Die Teufelsmauer bei Neinstedt

Gernrode mit seiner Stiftskirche,
einem ottonischen Bauwerk

Zwei Öfen A B. Der obere Vorherd C. Der untere Vorherd D. Der am erſten Ofen ſtehende Schmelzer zieht mit einem Schlackenhaken die Schlacken ab. Der Schlackenhaken E. Schlacken F. Der Arbeiter ſchöpft Waſſer in einen Eimer und gießt es auf die glühenden Schlacken, um ſie abzulöſchen G. Die aus Holzſpänen geflochtene Mulde H. Die gewöhnliche Krücke I. Das zu verſchmelzende Erz K. Der am andern Ofen ſtehende Arbeiter ſtellt durch Stampfen mit zwei Stampfern den Vorherd her. Die Stampfer L. Eine Stange M.

Illustration aus Georg Agricolas „De re metallica"

Farbe, ein hinten aufgebundenes Schurzfell und kleine grüne Filzhüte, ganz randlos, wie ein abgekappter Kegel. In eine solche Tracht, bloß ohne Hinterleder, wird der Besuchende ebenfalls eingekleidet, und ein Bergmann, ein Steiger, nachdem er sein Grubenlicht angezündet, führt ihn nach einer dunklen Öffnung, die wie ein Kaminfegeloch aussieht, steigt bis an die Brust hinab, gibt Regeln, wie man sich an den Leitern festzuhalten habe, und bittet angstlos zu folgen. Die Sache selbst ist nichts weniger als gefährlich; aber man glaubt es nicht im Anfang, wenn man gar nichts vom Bergwerkswesen versteht. Es gibt schon eine eigene Empfindung, daß man sich ausziehen und die dunkle Delinquententracht anlegen muß. Und nun soll man auf allen vieren hinabklettern, und das dunkle Loch ist so dunkel, und Gott weiß, wie lang die Leiter sein mag! Aber bald merkt man doch, daß es nicht eine einzige, in die schwarze Ewigkeit hinablaufende Leiter ist, sondern daß es mehrere von fünfzehn bis zwanzig Sprossen sind, deren jede auf ein kleines Brett führt, worauf man stehen kann, und worin wieder ein neues Loch nach einer neuen Leiter hinableitet. Ich war zuerst in die „Karolina" gestiegen. Das ist die schmutzigste und unerfreulichste Karolina, die ich je kennengelernt habe. Die Leitersprossen sind kotig naß. Und von einer Leiter zur anderen geht's hinab, und der Steiger voran, und dieser beteuert immer: es sei gar nicht gefährlich, nur müsse man sich mit den Händen fest an den

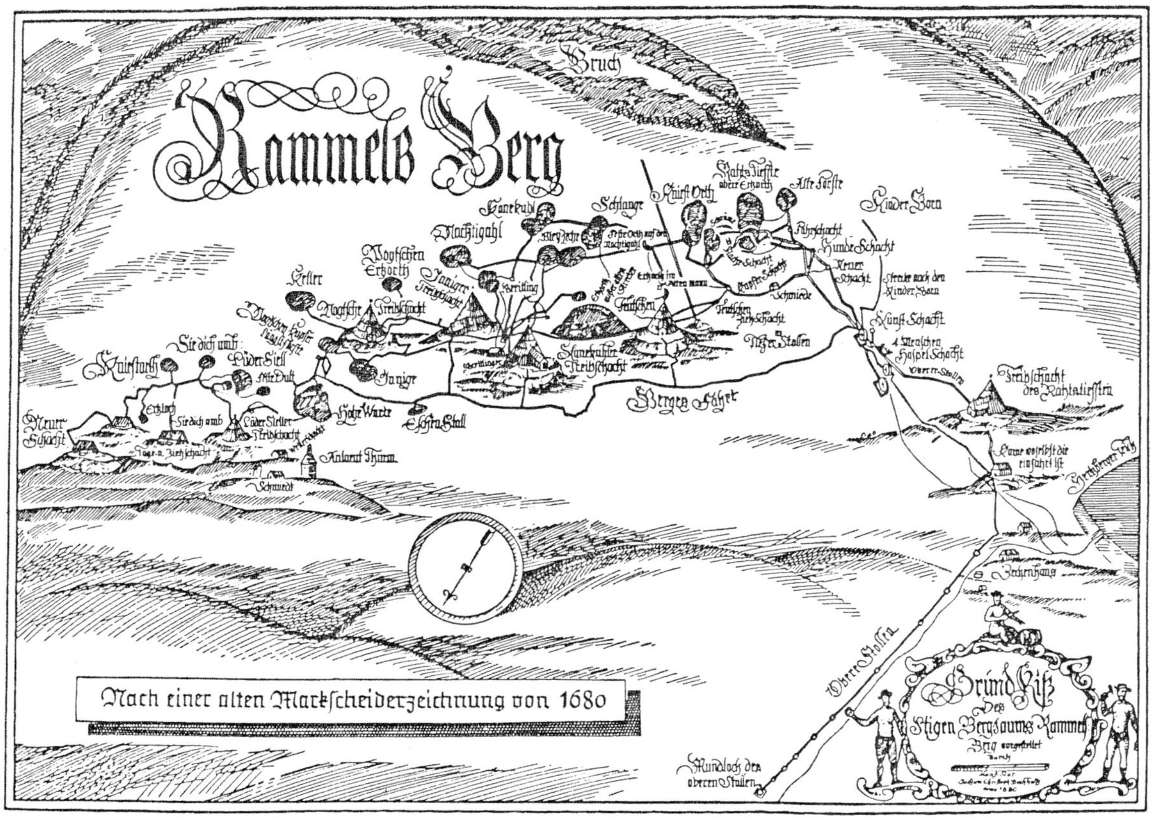

Die Rammelsberger Gruben um 1680

Sprossen halten, und nicht nach den Füßen sehen, und nicht schwindlicht werden, und nur beileibe nicht auf das Seitenbrett treten, wo jetzt das schnurrende Tonnenseil heraufgeht, und wo vor vierzehn Tagen ein unvorsichtiger Mensch hinuntergestürzt und leider den Hals gebrochen.

Natürlich griff auch unter den Bergleuten bald schon Aberglaube um sich: In der riesigen Holzkirche von Clausthal wurden während der Bergdank-Gottesdienste keine Frauen geduldet. „Jede Frau ein toter Bergmann", hieß es hinter vorgehaltener Hand noch im „aufgeklärten" 19. Jahrhundert.

Burg Falkenstein über dem Selketal

Schloß Ballenstedt, Barockbau von 1765

Überall kann man heute hautnah die Berührung mit dem „Berg" erleben, ohne allerdings um Leib und Leben bangen zu müssen. Die Gäste mit den gelben Helmen und den bunten Pellerinen stelzen über glitschige Bohlen, steigen eiserne Treppenstufen hinauf, von den nassen Wänden tropft es. Und wenn man wieder ans Tageslicht tritt, leicht geblendet, kann man sich dennoch eines Aufatmens nicht erwehren. In Goslar, wo die Sage den Ursprung des Silberreichtums sieht („Ritter Ramm sprengte über den Berg, sein feuriges Roß scharrte mit den Hufen, da trat eine prächtige Silberader zutage am ‚Rammelsberg'"), in Goslar fährt man mit einer Grubenbahn ein wie weiland die echten Kumpel. Dieser Schacht, 1988 stillgelegt, wurde als erstes technisches Denkmal in die Welterbeliste der UNESCO aufgenommen. In Straßberg, bei der romantischen Selke, führen Bergbau-Lehrpfade an wichtigen Punkten der Erzgewinnung vorüber. Das Besucherbergwerk „Drei Kronen & Ehrt" im Mühlental zwischen Rübeland und Elbingerode zeigt, daß das Schürfen nach Erzen (besonders Eisenerz) gar schon im 8. Jahrhundert begann! Der Eisen- und Schwefelkiesabbau wurde erst 1990 eingestellt, so daß man heute noch ganz nahe an der Geschichte seine unterirdischen Studien betreiben kann. Wer sich für die Kupferschiefergewinnung interessiert, der kommt im technischen Museum Mansfeld voll auf seine Kosten: Hier wurde dieser Industriezweig von 1199 bis zum August 1990 ohne Unterbrechung gepflegt. Und um Steinkohle geht es im „Rabensteiner Stollen" bei Ilfeld, einem von zwei deutschen Steinkohlebergwerken, die für Besucher zugänglich sind. Insgesamt 15 Bergbaumuseen sind es, die im Harz auf Besucher warten, sechs im westlichen, neun im östlichen Teil.

Die kleinste Bergstadt heißt Wildemann und liegt nördlich von Bad Grund. Da hier um die Pfingstzeit alljährlich feierlich der Viehaustrieb begangen wird, nennen manche Wildemann liebevoll-ironisch „Kleintirol". Vor Zeiten war den Dorfbewohnern im Walde ein riesengroßer Mann begegnet, der bedrohlich mit einer Baumwurzel herumfuchtelte. Man nahm ihn gefangen, fesselte ihn und wollte ihn zum Herzog nach Braunschweig bringen. Doch der Mann starb auf der Reise. Als man seine verlassene Schlafhöhle untersuchte, fand man dort den Zugang zu einem ergiebigen Silbererzstollen. Ort und Grube hatten nunmehr ihren Namen – bis auf den heutigen Tag.

Als die ältesten Bergstädte begründeten den Harzer Bergbau Altenau, St. Andreasberg, Clausthal, Mansfeld, Wildemann, Zellerfeld und Treseburg. Der Bach Innerste wird noch im 19. Jahrhundert so beschrieben: *... mit widerlicher, schmutzig-grauer Farbe des Wassers nimmt sie als ein recht ungewaschenes Proletarierweib unter den Bachnymphen des Harzes eine absonderliche Stellung ein.* Wo bleibt bei dieser Einschätzung die christliche Losung „Arbeit schändet nicht"? Übrigens ist in der Nähe ein geologisch-morphologisches Unikum anzutreffen, das es verdiente, ins Guinnessbuch der Rekorde eingetragen zu werden: Der Iberg, ein natürlicher Kühlschrank, bestehend aus einem Gletschertopf und einer Kalkfelsenhöhle, konserviert den Schnee oftmals bis hoch in den Sommer hinein.

Der Ort Hohegeiß lebte vom Eisenerz und seinen Produkten. In einer alten Chronik kann man nachlesen: *1049 Seelen teilen sich hier in 118 Feuerstellen, so daß ich in einer Stube vier Familien antraf, und auf die Frage, wie stark die ganze Hausgesellschaft sei, mir erwidert ward: Neunzehn. Ein Teil der Einwohnerschaft besteht aus Schmiede- und Böttchermeistern, ein anderer, größerer Teil ernährt sich davon, daß er deren Fabrikate, hauptsächlich Nägel, Eimer und Gilten auf dem Rücken oder Schiebekarren zum Verkauf in der Umgegend vertreibt. Ein saures Brot. Wenn du schon einmal, geneigte Leserin, einer armen Frau begegnest, auf dem Rücken eine centnerschwere Eimerlast, vor sich ein Kindlein tragend und an der Hand ein Kind, so ist das höchstwahrscheinlich eine Hohegeißerin.*

Um Halberstadt herum waren ebenfalls seit dem Mittelalter Bergbaubetriebe tätig gewesen. Die Stollen sind lange schon stillgelegt. In einem von ihnen hat man nach der politischen Wende von 1990 das bei der Währungsunion übriggebliebene DDR-Geld eingelagert bis zum Sankt-Nimmerleins-Tag.

Die Stadt Sangerhausen verdankt ihre frühere wirtschaftliche Blüte nicht allein dem Erz; vor allem ihre Lage an mehreren Verkehrsstraßen förderte den Handel und das Handwerk. Zwischen 1554 und 1564 wurden hier 16 000 Zentner Kupfer gewonnen. Die Erzförderung, die im 17. und 18. Jahrhundert eingestellt worden war, kam nach dem Zweiten Weltkrieg wieder zu neuen Ehren, weil der östliche Teil Deutschlands plötzlich auf eigene Ressourcen angewiesen war. Berühmt allerdings wurde die Stadt durch zwei Attraktionen, die nichts mit dem Bergbau zu tun haben: Am Stadtpark wurde im

Sangerhausen, Merian-Stich um 1650

Harzgerode mit seinen Fachwerkbauten

*Der Garten der Roseburg,
zwischen Ballenstedt und Rieder*

Jahr 1903 vom Verein der deutschen Rosenfreunde das „Rosarium" angelegt, mit 15 Hektar Fläche heute der größte Rosengarten der Welt. 6500 Rosenarten auf 55 000 Stöcken findet man vor, und jedes Jahr kommen neue hinzu, denn die Rose ist die kreuzungswilligste aller Pflanzen. Man könnte die Gründung des Rosariums als Vorwegnahme einer ökologischen Idee begreifen, denn bestimmte Rosenarten sollten dadurch vor dem Aussterben bewahrt werden.

Eine weitere Einmaligkeit: Der Amateur-Archäologe Gustav Adolf Spengler fand 1930 in Edersleben bei Sangerhausen das Skelett eines Altmammuts, und dies war der weltweit erste Fund dieser Art! Das Tier hat vor einer halben Million Jahren gelebt und war 3,45 Meter hoch und 6 Meter lang. Die Knochen des nahezu komplett erhaltenen Gerippes wurden sachkundig präpariert und sind heute im städtischen „Spengler-Museum" zu besichtigen.

Im Jahre 1536 suchte der Bergknappe Friedrich Baumann in den unterirdischen Felsengängen der Rübeländer Berge nach Erz. Er glaubte zu träumen, als sich im Licht seiner Fackel plötzlich phantastische Wundergebilde aus Stein zeigten, ganze Säle voller hängender Säulen und aufrecht stehender Nadeln, Kulissen aus glitzernd feuchtem Mineral. Doch die Fackel glitt ihm aus den Händen und erlosch auf

Baumannshöhle in Rübeland, Merian-Stich um 1650

In der Baumannshöhle Rübeland (Aufnahme von 1951)

dem von Wasser bedeckten Erdboden. Finsternis umgab ihn. Tagelang tastete sich der Mann durch die engen Gänge, durch Spalten und Hohlräume, und seine Entkräftung gaukelte ihm vor, nur einen wunderbaren Traum erlebt zu haben. Nach langer Zeit sah er einen schwachen Schimmer, ging ihm nach und fand endlich den Ausgang ins Licht der Sonne. Er konnte einigen Zeitgenossen noch von seiner traumhaften Entdeckung berichten, dann stürzte er entseelt zu Boden. Sein Name aber lebt in dem der Höhle fort. Schon bald kamen die ersten Touristen, und Bergleute führten sie für ein Trinkgeld durch das wundersame Labyrinth. Die Kunde von dem Spiel der Natur verbreitete sich weit über die Grenzen des Harzes hinaus. Viele Jahrzehnte lang war in Deutschland keine andere Tropfsteinhöhle bekannt. Schon kamen berühmte Besucher, der Zarensohn Peter Alexej, der

Universalgelehrte Leibniz, schließlich auch Goethe, nach dem man den größten Felsensaal der Höhle später sogar benannt hat. *Ich durchkroch sie [die Baumannshöhle] und betrachtete das fortwirkende Naturereignis ganz genau. Schwarze Marmormassen aufgelöst, zu weißen kristallinischen Säulen und Flächen wiederhergestellt, deuteten mir auf das fortwebende Leben der Natur. Freilich verschwanden vor dem ruhigen Blick alle Wunschbilder, die sich eine düster wirkende Einbildungskraft so gern aus formlosen Gestalten erschaffen mag.* So beschrieb Goethe seine Eindrücke von der Höhlenwanderung. Und Hans Christian Andersen, der große Däne, notiert: *Bald erhoben sich die nackten Felswände an beiden Seiten, ein schmaler Fußpfad lief an dem engen Flußbett entlang, ich war in Rübeland, ein Name, den man wohl von „Räuberland" herleitet, weil hier in alten Zeiten auf einem Felsen eine Räuberburg lag. Auf jener Seite des Dorfes führte ein kleiner Bergpfad nach der Vertiefung im Felsen, wo man in die Baumannshöhle hineingeht. Hier fand ich zwei andere Reisende; jeder von uns bekam ein angezündetes Grubenlicht; der Führer ging voran, und wir stiegen hinab in die versteinerte Phantasiewelt ...* Noch in einem Reiseführer von 1886 kann man die Warnung nachlesen: *Damen, welche leicht von Schwindel befallen werden, ist der Besuch zu widerrathen, weil an mehreren Stellen Leitern zu besteigen sind.* Befürchtungen dieser Art müssen Damen der Gegenwart nicht mehr haben, denn überall sind Geländer angebracht, alles ist elektrisch beleuchtet, und die Sitze in der steinernen Halle, in welcher wegen der vorzüglichen Akustik gelegentlich Konzerte stattfinden, sind sogar geheizt.

Die andere Rübeländer Tropfsteinhöhle wurde am 28. Juni 1866 bei Straßenarbeiten von W. Angerstein entdeckt und „Angersteinhöhle" genannt. Sie blieb längere Zeit geschlossen, weil man sie erst gründlich erforschen wollte. Das geschah im wesentlichen durch Kammerrat Grotian, nach dessen Vornamen Hermann man sie später in „Hermannshöhle" umtaufte (eignet sich ein Kammerrat für eine Namensgebung besser als ein Straßenarbeiter?). Am 1. Mai 1890 übergab man die Höhle der Öffentlichkeit. Im Jahr 1932 wurden fünf Grottenolme aus einer jugoslawischen Höhle in den unterirdischen Gewässern ausgesetzt. 1953 lebten davon noch drei, inzwischen ist die Familie der bleichen, blinden Sonderlinge auf 13 Mitglieder angewachsen.

In Scharzfeld, einem kleinen Ort nahe bei Herzberg mit einer bedeutenden Vergangenheit, gibt es gleich mehrere Höhlen, zum Beispiel die unterirdische „Steinkirche", von welcher die Legende erzählt, der heilige Bonifatius habe sie im 8. Jahrhundert aus einem heidnischen Tempel in ein christliches Gotteshaus verwandelt. Ob

Vorhergehende Seiten: Nebeltag bei den Hohneklippen

Rübeland und seine Höhlen

das stichhaltig ist, läßt sich nicht nachprüfen; in dem schummrigen Licht wird allerdings jeder, der das möchte, bei den Felsenmauern so etwas wie einen Altar erahnen ... Die „Einhornhöhle" ist eine Grotte mit bescheidenen Tropfsteingebilden, in der zwar keine Skelette von Einhörnern gefunden wurden, aber Knochen des Höhlenbären, jenes längst ausgestorbenen Raubtiers des Tertiärs.

Die Heimkehle, mit zwei Kilometern Länge Deutschlands größte Gipshöhle, ist nicht allein wegen ihrer bizarren Naturformen und der faszinierenden unterirdischen Seen interessant, sondern auch aus historischer Sicht. Entdeckt wurde sie schon am Anfang des 14. Jahrhunderts. Im dreißigjährigen Krieg fanden Bauern in ihr Unterschlupf, als schwedische Söldner sie bedrängten. 1703 gab Henning Behrens in seiner Chronik „Hercynia curiosa" (Wunderlicher Harz) eine detaillierte Schilderung des „Naturwunders", aber erst 1920 wurde die Märchenwelt der Öffentlichkeit übergeben. Im Jahr 1944, kurz bevor das Hitlerreich in seine verheerende Niederlage stürzte, trieben SS-Schergen mehr als tausend politische Häftlinge aus dem Konzentrationslager „Mittelbau Dora" in die Höhle, wo sie unter menschenunwürdigen Bedingungen Teile für die angeblichen Wunderwaffe V-2 produzieren mußten. Nur wenige von ihnen überlebten diese Torturen. Da die Höhle beim Einmarsch der Allierten als Rüstungsbetrieb galt, wurden große Teile des Naturdenkmals gesprengt, und erst das Jahr 1954 sah wieder die ersten wißbegierigen Besucher in dem unterirdischen Feenreich.

Schloß und Stadt Stolberg

Stolberg, die Geburtsstadt Thomas Müntzers

Felsen, Schluchten, Wälder

Die Natur des Harzes schlägt wohl jeden Besucher in ihren Bann, weil sie so ganz anders ist als die anderer Landstriche: rauh und unnahbar, aber auch lieblich und vertrauenerweckend; anmutige Täler findet man unmittelbar neben bedrohlich aufragenden Klippen, schäumend zu Tal brausende Gebirgsbäche neben majestätisch ruhenden, spiegelnden Wasserflächen. Heinrich Heine schreibt in seiner Harzreise: *Eben wie ein großer Dichter weiß die Natur auch mit den wenigsten Mitteln die größten Effekte hervorzubringen. Da sind nur eine Sonne, Bäume, Blumen, Wasser und Liebe. Freilich, fehlt letztere im Herzen des Beschauers, so mag das Ganze wohl einen schlechten Anblick gewähren, und die Sonne hat dann bloß so und so viele Meilen im Durchmesser, und die Bäume sind gut zum Einheizen, und die Blumen werden nach Staubfäden klassifiziert, und das Wasser ist naß.* Doch da der Leser – wie wir annehmen – nicht zu den Profanisten gehört, kann er sich dem Charme dieser Landschaft ganz hingeben, so wie zahllose andere naturliebende Zeit- oder Gesinnungsgenossen, unter ihnen die allerberühmtesten. Es bereisten den Harz: Klopstock öfter – Goethe 1777, 1783 und 1784 – Novalis 1793 – Kleist 1797, 1798, 1801 – Eichendorff 1805 – Heine 1824 – Andersen 1831 – Geibel 1834 und 1845. Letzterer dichtet in Ilsenburg:

Am Berge, wo die Wipfel steigen,
Bis in die Nacht hab ich gelauscht.
Da hat der Wind mit seinen Zweigen
Die alte Zeit mir wach gerauscht.

Uhland 1842 – Raabe 1840 (als Kind), 1860, 1873, 1880 – Fontane 1862, 1878-81 jedes Jahr (in Ilsenburg findet er eine Kirchenbuch-Eintragung, die ihn zu seiner Novelle „Cecile" inspiriert) – Löns 1907 – Paul Lincke, der Vater der „Berliner Luft", gewann den kleinen Ort Hahnenklee (südlich von Goslar) so lieb, daß er seine letzten Lebensjahre hier verbrachte und auf dem Waldfriedhof die letzte Ruhe fand. Die Gemeinde verleiht alljährlich einem auserwählten jungen Komponisten aus dem Bereich der Unterhaltungsmusik den „Paul-Lincke-Ring".

Natürlich wurden auch bildende Künstler vom genius loci inspiriert: Caspar David Friedrich zum Beispiel malt die „Klippe am Erdbeerkopf" 1824 in sein Bild „Watzmann" als Vordergrund hinein; es ist die Trudensteinklippe bei Drei Annen Hohne, die er bei seinem

Harzbesuch 1811 fotografisch getreu skizziert hatte. Und Ludwig Richter schreibt verzagt von „...schwierigen Gegenständen, weil sie wenig Malerisches darbieten".

Ein wichtiger Schritt zur Erschließung des Mittelgebirges wurde mit der Schaffung der Harzbahnen getan. Mit einem Meter Spurweite und 25 alten Dampflokomotiven (die älteste stammt von 1897) sind diese Schmalspurbahnen der besonderen Art ein Magnet für alle, die einen nostalgischen Blick in die Technikgeschichte nicht verachten, aber auch für jene, die einfach das Reisen mit offenen Augen und wachen Sinnen lieben. Denn alle Sinne sind gefordert, wenn man so durch die Landschaft dampft. Der Duft von heißem Maschinenöl und von Kohlenstaub steigt einem in die Nase, das Tuten und das Stampfen der Lokomotive überdeckt das Rauschen der Baumwipfel, Rattern und rhythmisches Stoßen der Bahnschwellen erschüttern die Gefühlsnerven, und auf der Zunge schmeckt man die Tröpfchen des weißen Dampfs, der die Täler füllt. Mal schwarz, mal blendend weiß kommen die Schwaden aus dem Schornstein der betagten Dampfrösser und geben dem langsam bergwärts strebenden Zug die passende Begleitung. Die Bahn wurde 1886 zwischen Gernrode und Harzgerode sowie zwischen Wernigerode und Nordhausen in Betrieb genommen, das war eine Strecke von 60 Kilometern. Ab 1897 verkehrte sie zudem zwischen Walkenried und Braunlage; diese Strecke wurde nach dem Zweiten Weltkrieg stillgelegt. Am 27. März 1899 fand die Jungfernfahrt der Harzquerbahn statt. Insgesamt 400 Brücken mußten dafür gebaut werden! Hier befindet sich auch der einzige Schmalspur-Tunnel im Osten Deutschlands. Man kommt mit einer Geschwindigkeit von 20 bis 25 km/h vorwärts. Zwischen der Steinernen Renne und Drei-Annen-Hohne ist ein Höhenunterschied von 229 Metern auf 8,2 km Strecke mit 72 Kurven zu bewältigen. Damit ist die Bahn die steilste Europas ohne Zahnradantrieb. Zur Harzquerbahn gehören die Brockenbahn mit dem steilsten Wegstück (der Bahnhof liegt 1125 m hoch) und die Selketalbahn, die als die romantischste Teilstrecke gilt. Insgesamt befährt die Harzbahn 132 Kilometer und hat 35 Bahnhöfe. Sie steht seit dem Jahr 1972 unter Denkmalsschutz. Die Bahn war von ihrer Gründung bis zur Enteignung 1945 Eigentum der NWE (Nordhausen-Wernigeröder Eisenbahn-AG), von 1945 bis 1949 der „Sächsische(n) Provinzialbahnen AG", von 1949 bis 1990 gehörte sie zur Deutschen Reichsbahn. Mitte der achtziger Jahre wurde aus ökologischen Gründen sogar ihre Elektrifizierung erwogen. Ab 1990 entbrannten heftige Diskurse zwischen Naturschützern und Geschäftsleuten darüber, ob die Bahn überhaupt wieder in Betrieb genommen werden sollte. Die Wirtschaft setzte sich durch. Die Tarife sind seit 1993, dem Jahr

Folgende Seiten: Harzquerbahn

99 7236-5

20

der Privatisierung (HSB, Harzer Schmalspurbahnen GmbH), marktorientiert: je frequentierter die Strecke ist, desto teurer wird die Fahrkarte. Allein 1993 konnte mehr als eine Million Fahrgäste transportiert werden. An den ehedem geltenden Einheitspreis von achtzig Pfennigen ist allerdings nicht mehr zu denken ...

Die Hexen auf den Brocken ziehn ...

Der Brocken ist ein Deutscher. Mit deutscher Gründlichkeit zeigt er uns, klar und deutlich, wie ein Riesenpanorama, die vielen hundert Städte, Städtchen und Dörfer, die meistens nördlich liegen, und ringsum alle Berge, Wälder, Flüsse und Flächen, unendlich weit ... Aber nirgends wird das Auge durch eigentlich schöne Landschaft erfreut ... Es ist notorisch, daß der Brocken seine burschikosen, phantastischen Zeiten hat, zum Beispiel die erste Mainacht. Dann wirft er seine Nebelkappe jubelnd in die Lüfte und wird, ebenso wie wir übrigen, recht echtdeutsch romantisch verrückt. Wieder ist es Heinrich Heine, der so bildhafte Worte über den größten Berg Norddeutschlands findet. Zum ersten Mal erwähnt finden wir den Brocken im Jahr 1401. Sechzig Jahre später wird eine Quelle auf seinem Gipfel beschrieben. Um 1570 untersucht der Arzt Dr. J. Thal die dortige Vegetation in seinem Buch „Sylva Hercynia" (= Harzwald). 1743 hat man auf der Heinrichshöhe beim Alten Schierker Fahrweg Torfwerke angelegt. Der Torf, Rückstand vermoderter Moorpflanzen, war eine Zeitlang für die Landbevölkerung ein wichtiges Brennmaterial. Erst allmählich begann man den Brocken auch als Ausflugsziel zu erkennen. 1797 gab es 421 Besucher – im ganzen Jahr! Am 3. Oktober 1990, dem Tag der deutschen Einheit, waren es 55 000 – an einem Tag! 1824 wurde im „Jakobsbruch" eine Glashütte angelegt. Noch heute erinnert der "Glashüttenweg" daran, der von Drei-Annen zum Hohnekopf führt und unvergeßliche Brockenblicke gewährt. Als 1899 die Brockenbahn als Abzweig von der Harzquerbahn in Betrieb genommen wurde, schnellte der Besucherverkehr mächtig in die Höhe. Allein am Pfingstmontag 1899 mußten 28 Kilo Ansichtspostkarten mit der Bahn hinabtransportiert werden. Der 17. August 1944 war für den „Vater Brocken", wie ihn die Harzer liebevoll nennen, ein schwarzer Tag: US-Piloten bewarfen das Brockenplateau mit zahlreichen Sprengbomben und zerstörten nicht nur Gebäude, sondern auch Natur. Am 13. August 1961 erklärte die DDR-Regierung das gesamte Brocken-

Auf dem Brocken, Zeichnung von Ludwig Richter

Terrain zum militärischen Sperrgebiet. Eine Einreise war, wenn überhaupt, nur mit Sonderpapieren möglich. Zwanzig Jahre später wurde eine Betonmauer fertig, die – 2800 Meter lang – die deutsch-deutsche Grenze befestigte. Zu DDR-Zeiten kursierte ein Wortwitz: Unser Harz endet in Sorge und Elend ...

Der Brocken hat auch unter den Botanikern einen guten Namen: 1572 bestieg der bereits erwähnte Stadt- und Hofmedicus Johann Thal aus Stolberg seinen Gipfel und verzeichnete minutiös alle Wildpflanzen, die er dort antraf. Aus dieser Liste entstand dann in mühsamer Kleinarbeit eines der ersten Pflanzenbestimmungsbücher der Welt. Im Jahre 1890 legten Botaniker hier den ersten Alpengarten der Erde an, der gegenwärtig von den Universitäten Halle und Göttingen wiederhergestellt wird.

Die Aussicht vom Brocken ist nur selten klar. Die Statistik weiß, daß hier 320 Tage im Jahr Nebel herrscht. Es verwundert also nicht, daß Heine ins Brocken-Gästebuch schrieb:

Viele Steine,
müde Beine
saure Weine,
Aussicht keine.

Goethe hat dem Harz-Berg in seinem Faust nicht nur ein Denkmal gesetzt, er hat ihn auch weltberühmt gemacht. Es heißt da unter der Regieanweisung „Harzgebirg. Gegend um Schierke und Elend":

Das eiserne Josephskreuz auf dem Auerberg

Die Rappbodetalsperre, vom Rotestein gesehen

Seh die Bäume hinter Bäumen,
Wie sie schnell vorüberrücken,
Und die Klippen, die sich bücken,
Und die langen Felsennasen,
Wie sie schnarchen, wie sie blasen!
Durch die Steine, durch den Rasen
Eilet Bach und Bächlein nieder.
Hör ich Rauschen? Hör ich Lieder?
Hör ich holde Liebesklage,
Stimmen jener Himmelstage?
Was wir hoffen, was wir lieben!
Und das Echo, wie die Sage,
Alter Zeiten, hallet wider!

Ein ganz besonderes Kapitel ist die Pflanzen- und Tierwelt in der Brockenregion, denn nicht ohne Grund wurde das Terrain 1990 zum „Nationalpark Hochharz" erklärt. Die Zeit, als Besuchern der Zutritt verwehrt war, ist – so schlimm sie für die Menschen im geteilten Deutschland gewesen sein mag – der Natur außerordentlich gut bekommen, und man findet hier eine Flora von fast unvergleichlicher Fülle. Johann Wolfgang Goethe und Heinrich Heine kannten noch genau, was wir erst im Bestimmungsbuch suchen müssen: die Brokkenanemone, den Alpenbärlapp, den Sumpfsitter und das wollige Reitgras. Sie bestimmten sie nicht nur, sondern pflückten, preßten, trockneten sie. Es gab noch genügend davon ... Heute sterben jeden Tag, den Mutter Natur werden läßt, auf unserem Planeten 12 Pflanzen- oder Tierarten aus ...

Doch schon in der Chronik von 1899 heißt es: *Zerstörend aber wirkt im Harze vor allem auch der Mensch selbst auf die Vegetation ein. Wer hätte nicht mit Grausen die ausgedörrten Waldstriche gesehen, die einen Anblick gewähren, als sei ein Waldbrand drüber hinweg gegangen? Wem fallen nicht die pflanzenlosen Schutthalden auf, die des Wiesengrüns gänzlich entblößten Hügel bei den Hüttenwerken? Sie sind Produkte der giftigen Wirkungen flüchtiger Säuren, die beim Verhütten der Erze entstehen und trotz der hohen Essen vom Winde auf den Wald herabgedrückt werden.* Erwähnt werden in dieser Quelle immerhin noch: Fischadler, Rohrdommel, Schwarzstorch, Höckerschwan, Fischotter, Fledermäuse, Kolkrabe, Alpenmolch, Flußperlmuschel und Hirschkäfer. Der letzte Bär wurde um 1710 bei Elend geschossen, der letzte Wolf 1756 bei Hohegeiß (noch 1702 hatte man bei Harzburg 24 Wölfe gefangen!). Der letzte Luchs wurde 1818 bei Seesen erlegt, der letzte Nerz 1852 bei Stolberg.

Wie wichtig heute Naturschutz ist, muß man nicht betonen, besonders nicht in einer Region, die so reich an Naturschätzen ist wie der Harz. Für jeden Naturfreund ist es eine wahre Wonne, über die blühenden Wiesenmatten zu streifen. Nicht umsonst wird jedes Jahr im Juni neben dem Tanz um den Johannisbaum das „Wiesenblütenfest" gefeiert. Die Hochmoorgebiete haben ihre ganz eigene Vegetation, die bestimmt wird von Wollgras, Glockenheide und fleischfressendem Sonnentau. Die Zwergbirken, die hier gedeihen, sind ausschließlich im Harz zu finden. Im Oberharz findet sich eine alpine Waldgrenze mit Teufelskralle, Alpenbärlapp und dem seltenen Siebenstern. Was in Wäldern und Wiesen kreucht und fleucht, verdient ebenso den Schutz und die Fürsorge der Besucher. Rehe, Hirsche und Wildkatzen in den Harzwäldern? Das wundert einen nicht weiter. Daß aber der Waschbär, dieser putzige Räuber mit der Gesichtsmaske, so häufig ist, daß er gejagt werden muß, ist schon erstaunlich. Hier leben noch – oder wieder – Wanderfalken und Schleiereulen. Den scheuen Uhu, den der Tourismus schon vertrieben hatte, versucht man wieder in den Harzwäldern einzubürgern.

Der häufigste Vogel ist der Buchfink, der seit Heinrich dem Vogler sozusagen der Wappenvogel des Harzes ist. Zu jedem Pfingstfest findet in Benneckenstein (wie auch in anderen Harzorten) das „Finkenmanöver" statt, der fröhliche Sängerwettstreit der gefiederten Soprane. Schon am frühen Morgen tragen die Teilnehmer ihren Vogelbauer, der mit einem weißen Tuch verhüllt ist, hinaus zur Festwiese. Das Tuch dient dazu, den Sichtkontakt zu anderen Männchen – nur diese singen übrigens so schön – zu verhindern, der augenblicklich zu instinktiver Kampfhaltung führen würde. Früh muß es sein, denn morgens singen die Buchfinken am prächtigsten. Aufmerksam registrieren die Kampfrichter, wie oft einer in fünf Minuten „schlägt", ob der Einzelgesang auch lang genug ist, ob er tiefe Töne enthält, ob er gut ausklingt. Ist diese Introduktion vorüber, die von den Insidern das Schönheitssingen genannt wird, beginnt das „Kampfsingen": Nun muß Leistung erbracht werden! Bis zu 400 Schläge schafft ein guter Harzer Roller, und sein Besitzer geht dann schon mit stolzgeschwellter Brust vom Festplatz. Übrigens haben auch die Menschen im Harz ihren Sängerwettstreit. In Altenbrak wird nämlich in jedem September eine Jodlermeisterschaft ausgetragen.

Aber zurück zum Brocken. Wer zum Gipfel hinauf will, sollte, um möglichst viel von der Natur und der Umgebung zu erleben, einen der Wanderwege wählen. Von Schierke aus kann man die bequeme Brockenstraße hinaufgehen, aber auch den Pfad parallel der Bahn nehmen; von Westen, also vom Torfhaus her, empfiehlt sich der Weg,

Die Kirche von Trautenstein

den Goethe gewählt hat und der heute seinen Namen trägt. Eine gehörige Wanderung ist es, wenn man von Braunlage aus über den Wurmberg sich dem „Alten“ nähert. In jedem Falle sollte die Sehnsucht nach Einsamkeit unterdrückt werden, denn in Gesellschaft ist man sommers wie winters stets. Da ein Schmunzeln immer auch zum Wohlbefinden beiträgt, lassen wir uns unterweisen vom „Guten Rath für das Bereisen des Brockens“ von 1840. Dort ist zu lesen: *Wer gesund und bei Kräften ist, und wessen Körperconstitution es gestattet, der ziehe es vor, den Brocken zu Fuß zu besteigen; wer sich indeß der Anstrengung des langen, ungewohnten Bergsteigens überheben will, der findet in Ilsenburg im herrschaftlichen Gasthause zu den rothen Forellen Maulthiere mit bequemen Damen- und Herrensätteln, und falls die von dem dortigen Gastwirthe Herrn Horn für Brockenreisende bestimmten sechs Maulthiere schon verliehen sind, so ist Herr Horn gern bereit, solche von dem eine Stunde von Ilsenburg entfernten Dorfe Veckenstedt zu verschaffen.* Für Fahrten mit dem Pferdewagen wird der Rat erteilt: *... doch ist dabei nöthig, daß die Pferde mit Hakezeug und die Wagen mit Hemmschuhen und Hemmketten sowie mit einem starken eisernen Stachel hinten am Wagen zum Aufhalten des Wagens zum Ruhen im Berganfahren, versehen sein.* Wichtig ist auch: *Auf dem Brocken angekommen, vermeide der erhitzte Gast alle kalten Getränke, genieße dafür zur Löschung des Durstes Thee, oder wer an geistige Getränke gewöhnt ist, Punsch oder Grogg, und wechsele dann die Wäsche.*

Es wurde bereits angedeutet: Dunst gehört hier oben zum Alltag, schummriges Licht, unheimliche Stimmungen. Der Wind heult in den abgestorbenen Baumstümpfen, und über die Moore fegen Nebelschleier – so recht ein Eldorado für ausschweifende Phantasien. Noch einmal ein Zitat aus Goethes Faust:

Die Hexen zu dem Brocken ziehn,
Die Stoppel ist gelb, die Saat ist grün,
Dort sammelt sich der große Hauf,
Herr Urian sitzt obenauf.
So geht es über Stein und Stock,
Es farzt die Hexe, es stinkt der Bock.

Von Glauben und Aberglauben

Die Gegend rundumher bekam einen doppelten
Reiz für mich durch ihre Sagen; auch
auf diesem Wege war Leben und Bewegung;
wir begegneten Kohlenbrennern mit schwarzen
charakteristischen Gesichtern und Bauernmädchen,
die wie Milch und Blut aussahen.

Hans Christian Andersen

Wenn der Monat April die letzten Reste des Winters ausgeräumt hat und mit dem Wonnemonat Mai der Frühling Einzug in die Landschaft hält, eilen in der Nacht aus allen Richtungen die Hexen und Hexchen herbei, um auf dem Blocksberg ihr Fest zu feiern. Es ist ein solches Gedränge, daß die Füße nicht schnell genug für die Fortbewegung sind. Es muß also geritten werden: auf Ofengabeln oder Besen, aber auch auf Ziegenböcken – durch die dunklen Wolken der Nacht. Bald flackert oben auf dem Berg ein Feuer, Urian besteigt seine Kanzel und ruft und brüllt auf die Hexen und Zauberer ein, bis diese in wilder Ekstase ihren Tanz beginnen. Im Rausch schwingen sie die Feuerbrände gegen den Himmel, bis sie ermattet sind. Und da Feste nicht ohne Saus und Braus und Schmaus zu denken sind, bewirtet der Gottseibeiuns seine Gäste mit Wein und Spezereien, bis im Morgengrauen dann der ganze Höllenspuk entschwindet …

Heute wird, wie kann es anders sein, auch der Walpurgisspuk vermarktet: Hexenkonzerte im Bergtheater Thale, Sonderzüge zum Brokken, Feuer-Fakir-Show auf dem Hexentanzplatz, fallschirmspringende Hexen in Hahnenklee und anschließender Tanz mit der Oberhexe. In Ilsenburg winkt dem am attraktivsten herausgeputzten Hexchen sogar ein Preis. Ein Sexy-Hexy-Strandbikini vielleicht? Übrigens sind auch die Namen der Schauplätze neueren Datums: „Hexenaltar" und „Teufelskanzel" gibt es erst seit 1798, den Hexentanzplatz gar erst seit dem Ende des 19.Jahrhunderts.

Der Hexenaberglaube dagegen ist steinalt und geht auf heidnische Walddämonen zurück. Frühe christliche Propagandisten übernahmen diese Vorstellungswelt: Walpurga, von der die Walpurgisnacht ihren Namen hat, war eine heiliggesprochene Nonne und wurde um Beistand angerufen, wenn Pest oder Tollwut um sich griffen; auch soll sie Macht über die Zauberer haben. Im Mittelalter hatte der Hexenwahn einen bedrohlichen Umfang angenommen, und man glaubte,

Der Roland von Questenberg

daß die Unholdinnen zusammen mit dem Teufel schändliche Orgien feiern. Eine Frau, die der Hexerei auch nur verdächtig war – etwa weil sie zu schön oder zu häßlich war, weil sie einen Krüppel gebar oder weil in ihrem Haus eine Feuersbrunst ihren Anfang nahm – , wurde von der katholischen Inquisition der „peinlichen Befragung" unterzogen, die in den meisten Fällen den qualvollen Tod nach sich zog, entweder – bei nicht erwiesener Schuld – durch die Folter oder – bei „erwiesener" Schuld – auf dem Scheiterhaufen. Wobei das Erwürgen vor dem Verbrennen als christliche Gnade galt. Wer ein Brockenhexchen zum Andenken an den Harz erwirbt, sollte nicht vergessen, daß die letzte deutsche Hexenverbrennung erst im Jahre 1782 stattfand.

Ganz im Zeichen des Teufels stehen auch die Legenden, die sich um die Teufelsmauer gebildet haben, ein bizarres Felsgebilde, das sich zwischen Blankenburg und Timmenrode durch das Harzer Vorland zieht. Der Höllenfürst hatte beschlossen, seinen Besitz auf Erden zu markieren und gegen den Machtbereich der Christenheit abzugrenzen. Also baute er eine Mauer. Doch sehr zu seinem Verdruß zerfiel jedesmal alles, was er im Schutze der Nacht aufgehäuft hatte, beim ersten Hahnenschrei. So vollbrachte er eines Tages bei Anbruch des Abends eine große Anstrengung und versuchte, seinen „Schutzwall" bis zum Morgengrauen zu vollenden. Während er sich noch schwitzend abrackerte – die Ströme von Schweiß mündeten als „Teufelswasser" in die Bode –, kam eine Bäuerin von Thale her des Wegs. Sie war in der Nacht aufgebrochen, um mit ihren Hühnern beizeiten auf dem Markt zu Quedlinburg zu sein. Doch in der Eile stürzte sie über einen Wurzelstock und verlor den Korb, den sie auf dem Rükken trug. Die Hühner flatterten heraus und freuten sich, laut gackernd, ihrer neu gewonnenen Freiheit. Der nervös gewordene Teufel nahm das für den ersten Hahnenschrei. Er warf die Steinbrocken weit in die Gegend und entschwand fluchend von der Bildfläche. Wie so oft, haben die Gelehrten auch im Fall der Teufelsmauer eine gänzlich andere Erklärung: Vor Zeiten, so behaupten sie, habe sich das gesamte Harzland zusammengeschoben, und die riesigen Kräfte, die dabei wirksam wurden, stellten die Sandsteinbrocken von der Horizontalen in die Senkrechte. Die Geschichte vom Beelzebub und der Bäuerin ist allerdings weit ergötzlicher. Wie man die Sache auch ansieht: Die Teufelsmauer ist und bleibt eine der sagenhaftesten Naturmerkwürdigkeiten, die der Harz zu bieten hat.

Heidnisches Gedankengut lebt allenthalben bis heute fort. In Questenberg, dem hübschen kleinen Dorf mit dem hölzernen Roland, feiert man zu Pfingsten das „Questenfest". Hoch über dem Ort steht ein starker Baumstamm mit einem Kranz, dem Symbol für das Sonnenrad. In der Pfingstnacht holen die Männer den Kranz herunter und verbrennen den „Lebensbusch", ein riesiges Strauchpaket. So begrüßt man den Frühling und die Sonne, die Licht- und Wärmespenderin. Zur Sommersonnenwende lodern in der Nacht an vielen Harzorten die Johannisfeuer, und die Feuerräder hinterlassen, wenn sie zu Tale rollen, ihre imposante funkensprühende Spur.

Kirchen, Klöster, Burgen

Das vielleicht eindrucksvollste Harzer Baudenkmal steht in Gernrode. Auf dem Gelände einer Burg „Geronisroth" wurde im Jahr 961 die Stiftskirche des Benediktiner-Damenstifts erbaut, eine dreischiffige Flachdecken-Basilika, der einzige erhalten gebliebene ottonische Bau Deutschlands. Markgraf Gero, der berüchtigte „Herzog der Ostmark", der mit rücksichtsloser Härte die slawischen Stämme von der Elbe bis zur Oder unterwarf und christianisierte, hatte für den Bau seine Burg zur Verfügung gestellt. In der Kirche, geweiht dem heiligen Cyriakus, wurde Gero auch begraben, worauf heute eine schöne Tumba sowie ein Tafelbild hinweisen; beide entstanden am Anfang des 16. Jahrhunderts. Das „Heilige Grab" im südlichen Seitenschiff ist sowohl

Gernrode, Stiftskirche. Westwand des Heiligen Grabes

Folgende Seiten: Rübeland, die Stadt der Tropfsteinhöhlen

kunsthistorisch als auch kulturgeschichtlich von außergewöhnlich hohem Rang: Es ist eine Nachbildung des Christus-Grabes zu Jerusalem und wurde im 11. Jahrhundert in die Kirche eingebaut – die älteste erhalten gebliebene Grabeskopie überhaupt! Ihre besondere Bedeutung verdankt dieses „Bauwerk im Bauwerk" seinen prachtvollen steinernen Figuren. Der Reliefschmuck bezieht sich auf das

Gernrode, Stiftskirche. Detail aus dem Heiligen Grab

Auferstehungswunder – ihm und den Meisterwerken zu Ehren feiert man hier in jedem Jahr das „Gernröder Osterfest". Fachleute halten die Reliefs für Kunstwerke von höchster Qualität, und es ist heute nur schwer vorstellbar, daß sie in alter Zeit bunt bemalt waren. Daß die Kunstschätze der Stiftskirche den Bauernkrieg unbeschadet überstanden haben, verdankt die Nachwelt einer beherzten Klosterschwester, der Äbtissin Elisabeth von der Weide. *Als 1525 bei dem Bauernaufstande die Bauern sich unterfingen, den Hof anzufallen und die abteilichen Güter zu vernichten,* heißt es in einer alten Chronik, *so hatte sie den Mut, daß sie ihnen mit ihren Klosterfrauen entgegen ging, ihrer Wut Einhalt tat, die Ungehorsamen mit Worten strafte und diejenigen, die tumultuieren wollten, zu ihrer Pflicht zurückbrachte. Ihr Bruder, Heinrich von Weiden, wollte die aufrührerischen Bauern mit scharfer Strafe belegen, sie aber sprach sich für Milde aus und sagte, sie habe alles verziehen und vergeben.* Elisabeth hat sich damit ein bleibendes Denkmal gesetzt. Übrigens wurde während ihrer Amtszeit – nämlich 1531 – in Gernrode die Reformation eingeführt.

Kloster Walkenried war ehedem ebenfalls ein kulturelles und wirtschaftliches Zentrum von überregionaler Bedeutung, und es beherbergte zu Zeiten achtzig Mönche und 300 Laienbrüder. Heinrich der Löwe und Otto IV. weilten in den Klostermauern. Die ursprüngliche Kirche, 1137 erbaut, mußte bald schon erweitert werden. Der Fleiß der Klosterbrüder, die Ackerbau und Viehzucht trieben, sowie der Bergbau und zahlreiche Schenkungen hatten Walkenried zu einem der reichsten geistlichen Häuser seiner Zeit gemacht. So schenkte Barbarossa dem Kloster im Jahr 1157 ein Viertel des Erzaufkommens aus dem Rammelsberg! Ein ganzes gotisches Bauensemble entstand, und allein die neue Klosterkirche war 92 m lang und 43 m breit. Heute ist nur noch eine Ruine übriggeblieben, eine Ruine allerdings, die Achtung gebietet, denn noch immer strahlt sie Würde, Erhabenheit und Größe aus, läßt den einstigen Glanz und die Bedeutung des Baus erahnen.

Die Zerstörungen gehen auf den Bauernkrieg zurück: *Es sammelten sich in der Gegend von Herzberg und Lauterberg unter zwölf Hauptleuten ungefähr 800 Mann und zogen auf Walkenried zu. Die Mönche mochten aus dem, was an anderen Orten geschehen war, wohl ahnen, was ihnen bevorstand, rafften daher die besten Kleinodien und wichtigsten Papiere zusammen und flohen teils nach Goslar, teils nach Nordhausen. Alle Türen aber, die so herrlich verziert waren, ließen sie offen und ließen auch die Schlüssel stecken, damit die Bauern nicht die Tore zerbrechen und zerstören sollten. Die Bauern kamen, tranken die vorgefundenen Weine und Biere, kochten ihre Mahlzeit in der großen Braupfanne, warfen die Fenster mit den trefflichen Glasmalereien ein, zerstörten Öfen und Bilder, warfen die Bücher in den Kot, die Manuskripte ihren Pferden unter und verübten Greuel und Mutwillen.* (Rainer Schulze, Der Harz mit seinen Merkwürdigkeiten, 1839). Die Bauern haben sogar den Turm der Kirche mitsamt den Glocken zum Einsturz gebracht, indem sie ihn durch eine Kette mit einer alten Linde verbanden und diese kurzerhand fällten. Interessant ist die Frage, warum die Schuldigen nicht (oder nur mit einer geringen Geldbuße) für das Zerstörungswerk bestraft wurden. Balthasar von Sundhausen, ein Offizier, argumentierte gegenüber dem Grafen wie folgt: *Der elende Haufe hat gewiß den Tod verdient. Allein, wenn sie ums Leben gebracht werden, wer will dem Herrn Grafen die Dienste tun und die Ländereien bestellen? Ihre armen Witwen können das nicht leisten ...*

Am Blauen See, der eigentlich grün ist

Michaelstein, Merian-Stich um 1650

Kloster Michaelstein, ein Zisterzienserkloster mit romanischen Räumen (Kapitelsaal und Refektorium) sowie einem frühgotischen Kreuzgang, ist heute ein bedeutendes Zentrum der Musikkultur, in dem alte Musik erforscht und gespielt wird. Ein Instrumentenmuseum gehört dazu, in dem man unter anderem das Klavier bewundern kann, das Robert Schumann seiner Frau Clara geschenkt hat. Äbtissin Beatrix (geb. 1037) lebte hier 24 Jahre. Ihre Gebeine, im Zweiten Weltkrieg nach Braunschweig verschleppt, kamen nach der Wende an ihren Ursprungsort zurück.

Kloster Drübeck verdankt seine Gründung den Mönchen des Klosters Corvey im Weserland, die hier eine Missionsstätte schaffen wollten. 877 wurde es als „Jungfrauenkloster" erbaut, an drei Bächen (drí beke). Hundert Jahre später entstand die wunderschöne romanische Basilika mit ihren sehenswerten Kapitellen, deren Anblick wir – obwohl sie im Bauernkrieg stark beschädigt wurde – heute in alter Schönheit genießen können.

Frose, ein ehemaliges Benediktinerkloster, das ebenfalls von dem bereits erwähnten Gero gegründet wurde, kann mit einer großartigenen Klosterkirche aufwarten, die alle Strenge romanischer Baugesinnung zeigt. In Zedlers Universal-Lexikon von 1738 ist nachzulesen: *In einem Schenckungs-Briefe des Kaysers von an. 954 kann man aus denen Worten: vsui fratrum in monasterio, quod ipse in Frasa in Honore S.Cyriaci construxit schlüssen, daß es Anfangs ein Mönchs-Kloster werden sollen, aber nach der Zeit denen Nonnen eingeräumt worden, wie aus dem Diplomate Kaysers Ottonis vom Jahr 961 zu sehen, welcher dieses Stifft in Schutz genommen, und ihm die Freyheit gegeben, bey der Wahl einer Aebtißin zu Gernrode mit zu concurriren, wie sich denn an. 1492 die Fürstin Scholastica Aebtißin derer beyden freyen weltlichen Stiffter Gernrode und Frose geschrieben, und Pabst Gregorius XII. gedenckt gar nur der Aebtißin zu Frose.*

Quedlinburg hatte früher mehrere Klöster: das Wipertikloster am Brühl (zuerst Benediktiner, später Prämonstratenser, zerstört im Bauernkrieg, erhalten ist eine bedeutende kleine romanische Krypta), das Marienkloster (Benediktinerinnen, in der Reformation aufgehoben, dann verfallen), das Franziskanerkloster in der Altstadt (nach der Reformation aufgelöst, zum Gymnasium umfunktioniert) und das Augustinerkloster in der Neustadt (aufgelöst nach der Reformation). Die prächtige Stiftskirche auf dem Burgberg ist von ebenso hohem kunsthistorischen Rang wie die von Gernrode. In ihrer romanischen Krypta haben König Heinrich I. und seine Ehefrau Mathilde, die Begründerin des Damenstifts, ihre letzte Ruhestätte gefunden. Einer ganz besonderen Erwäh-

Quedlinburg, Krypta der Stiftskirche St. Servatius

Im Blankenburger Schloßpark

Kreuzgang im Kloster Michaelstein
bei Blankenburg

Quedlinburg, Domschatz. Detail aus dem Knüpfteppich (um 1200)

nung bedarf der Domschatz, eine Kostbarkeit von unschätzbarem Wert, der zum Teil in den Wirren des Zweiten Weltkriegs gestohlen wurde, lange als verschollen galt, dann in den achtziger Jahren in den USA auftauchte und schließlich nach der Wende zu seinem Ursprungsort zurückkehren konnte.

Halberstadt hat bei allen Verlusten, die es im Zweiten Weltkrieg hinnehmen mußte, seine zwei bedeutenden Kirchenbauten behalten. Die Kriegsschäden an ihnen konnten schon bald behoben werden. Auf dem Domberg, der ehemals wie eine Insel in dem Meer schöner Fachwerkbauten ruhte, stehen sie einander würdevoll gegenüber, der gotische Stephansdom und die romanische Liebfrauenkirche, nur durch einen baumbestandenen langen Platz voneinander getrennt. Der heutige Dom St. Stephanus und Sixtus ist der vierte Dombau an dieser Stelle und wurde 1491 geweiht, nachdem viele Generationen mehr als 250 Jahre lang an seiner Vollendung mitgewirkt hatten. Er gehört zu den vollendetsten gotischen Bauwerken Deutschlands, die unter dem Einfluß französischer Kathedralarchitektur geschaffen wurden, seine Innenausstattung ist vielfältig und kostbar. Weltberühmt ist der Domschatz, eine der reichhaltigsten Sammlungen mittelalterlichen Kunstgewerbes. Der zweite bedeutende Kirchenbau, die Stiftskirche

Domschatz Halberstadt, Detail aus dem Abrahamsteppich

„Unser lieben Frauen" der Augustiner-Chorherren, ist eine kreuzförmige, dreischiffige Pfeilerbasilika im romanischen Stil. Die Reliefs an ihren Chorschranken, Christus, Maria und sechs Apostel darstellend, gehören wohl zu den künstlerischen Höchstleistungen der niedersächsischen Stucktechnik. Die kräftigen Farben, mit denen sie zur Zeit ihrer Entstehung ausgestattet waren, sind in den Jahrhunderten verblaßt.

Wenn man über Kirchen im Harz spricht, so dürfen drei hölzerne Bauwerke nicht vergessen werden, die jeweils Besonderes verkörpern: Die kleinste Holzkirche Deutschlands findet man in dem bescheidenen Gebirgsort Elend; die größte – 1636-42 aus Fichtenstämmen erbaut und mit einem prachtvollen Innenraum ausgestattet, der 2200 Besuchern Platz bietet – steht in Clausthal. Die Stabkirche mit Gustav Adolphs Namen schließlich, nach dem Vorbild norwegischer Dorfkirchen geschaffen, ist das Wahrzeichen von Hahnenklee.

Burgen im Harz – ein großes Thema. Es sollen mehrere bedeutende in diesem Text stellvertretend für die anderen stehen. Da ist die sicher originellste Harzburg, von der Hans Christian Andersen schreibt: *Der Regenstein, mit seinen engen Gemächern, eingestürzten Brunnen und Treppen, die nur aus der freien Luft in das helle Element*

Die Ilsefälle haben schon Heinrich Heine poetisch inspiriert.

Das Bodetal in der Nähe der Teufelsbrücke

Burgruine Regenstein bei Blankenburg, Merian-Stich um 1650

führten, erhielt wie ein Bild für sich einen eigenen Platz in dem Pantheon meines Gedächtnisses ... je höher das Gras in den Rittersälen wächst, desto mehr Poesie findet das Herz in diesem Stein-Epos; dereinst wird diese Ruine ganz verschwinden, selbst die letzte Spur von des Regensteins ausgehauenen Felsblöcken wird abbröckeln und einstürzen, aber dann wird die Sage von dieser Stelle noch lange fortleben, so wie jetzt noch die Erinnerung an manches Werk des Altertums, das längst gänzlich verschwunden ist. Was der dänische Märchendichter hier so anschaulich schildert, entspricht ganz dem Eindruck, den man auch heute noch vom Regenstein hat. Diese einzigartige Burg, ursprünglich Reinstein genannt, gilt als die älteste Steinburg Deutschlands und hat eine höchst bewegte Geschichte. Schon um 500 n. Chr. errichteten hier die Sachsen, nachdem sie Thüringen besiegt hatten, eine Burg. Im 12. Jahrhundert gehörte sie den Grafen von Blankenburg und Regenstein, über fünfhundert Jahre lang. Unter den Burgherren war auch der Raubritter Albrecht II., der 1336 Quedlinburg überfiel, dabei von beherzten Bürgern festgenommen und in den „Raubgrafenkasten" gesperrt wurde, den man noch heutigentags im dortigen Schloßmuseum besichtigen kann. 1599 begann eine Fehde: Das Grafengeschlecht hatte keinen Erben mehr hervorgebracht. Es stritten sich nun Brandenburg und Braunschweig um den Besitz, die beide gewichtige Gründe für ihre Ansprüche zu haben meinten. Brandenburg obsiegte schließlich (1671) und baute den Regenstein zur Festung aus. Ein falscher Zungenschlag war der Anlaß für seine endgültige Zerstörung. Friedrich Wilhelm I. von Preußen wollte nämlich seinem Taufpaten, einem Braunschweiger Herzog, die Burg schenken, worauf die Braunschweiger stolz verzichteten: „Was uns gehört, nehmen wir nicht als Geschenk!" Kurzum, Preußen behielt das Streitobjekt, und 1757, als französische Truppen den Regenstein besetzt hatten, ließ Friedrich der Große, der inzwischen König geworden war, selbst alles vernichten und den Brunnen zuschütten. Es dauerte nicht lange, da zerfielen auch die Überreste der Gebäude, so daß nunmehr die Burg ihrem ursprünglichen Zustand ziemlich nahe gekommen sein dürfte.

Die Rammelburg, eine Höhenburg über der Wipper, wurde kurz nach 1200 in Stein erbaut und gehörte zu den schönsten Burgen des Harzer Landes. Sie brannte leider 1896 nieder, und unter den historisierenden Formen des Neubaues ist die Kernburg nur noch zu erahnen.

Heinrich der Löwe ließ hoch über der Stadt Herzberg im 10. Jahrhundert eine Burg errichten, die es schon lange nicht mehr gibt. Was man heute hier antrifft, ist das Welfenschloß, ein Renaissancebau hoch über der Sieber, Besitz der Welfen seit dem 12. Jahrhundert und bis 1866, eine glückliche Kombination aus Stein- und Fachwerkbau. Bemerkenswert ist der Christiansturm, ein Fachwerktreppenturm, über und über mit phantasiereichem farbigen Schnitzwerk bedeckt und von einer doppelten Kunstuhr bekrönt. Besonders schön ist es hier im Herbst, wenn der Schloßhof mit raschelndem bunten Laub bedeckt ist und der Herbstwind die letzten Blätter von den Bäumen fegt. In diesem unverwechselbaren Bauwerk lebte Georg von Calenberg (1582-1641), der Stammvater der Kurfürsten von Hannover. Und hier wurde auch seine Tochter Sophie Amalie geboren, die später Königin von Dänemark wurde. Die Stadt selbst hat erst seit 1929 Stadtrecht. Der Jues-See, 90 000 Quadratmeter groß, liegt mitten im Stadtgebiet. Nahebei ist die Rhumequelle zu finden, mit 5 000 Liter Wasser pro Sekunde eine der stärksten Flußquellen der Welt, größer als das Quellgebiet von Mississippi oder Missouri! Daß wirklich bedeutende Wassermassen empordrängen, erkennt man daran, daß die Oberfläche des teichartigen Quellgebiets ständig aufwallt, so als sei der See am Sieden. Die Rhumequelle hat schon den Naturforscher Alexander von Humboldt so fasziniert, daß er ihre Wasserqualität und ihre geologischen Ursprünge zu erforschen trachtete. Wenn man heute an

Schloß Wernigerode,
eine Schöpfung des 19. Jahrhunderts

Der Regenstein, die älteste
Steinburg des Harzes

In der Krypta der Konradsburg bei Ermsleben

ihrem Ufer steht und den eigenwilligen Reiz dieses grünen Wassers zu ergründen sucht, braucht es keine allzu rege Phantasie, um Feen und Naturgeister zu ahnen. Das Glucksen aus geheimnisvollen Tiefen, das Rauschen in den Zweigen, die sonderbar echolose Akustik des Ortes tun sich zusammen mit den fahlen Schatten und den silbrigen Sonnenreflexen, um ein Bild romantischer Verklärtheit zu entwerfen, in dem die Vorstellungskraft Platz genug findet für die Quellnymphe Ruma, die hier einst aus Liebe zu einem ungebärdigen Riesen sich in einen Fluß verwandelte, um weder durch Mauern noch durch Gitter von ihrem Bräutigam getrennt zu werden.

Die malerischste unter den Harzer Burgen dürfte der Falkenstein sein, der als spätromanische Wehranlage hoch über dem Selketal auf einem Felssporn gebaut wurde, und von dem man eine bezaubernde

Aussicht hat. Der Heimatforscher R. Schulze schildert sie so: *Von der Galerie des hohen Turmes hat man eine der schönsten Gebirgsansichten. Nordöstlich sieht man weit über das Tal und die Berge hinaus und gewahrt bei heiterem Wetter deutlich die Türme des Domes zu Magdeburg; südlich erheben sich einzelne Berge, mit Wald gekrönt, nordwestlich ruht das Auge auf schroff sich erhebenden Bergen, dann wieder auf Wiesen, durch welche die Selke fließt; der Ramberg mit seiner Victorshöhe zeigt sich, und über alle Felsen und Höhen ragt der ehrwürdige Brocken empor. – Unten im Turme war das Burgverlies; beim Aufräumen desselben soll man noch Ketten und Überreste menschlicher Gebeine gefunden haben.*

Gewiß, der Falkenstein gehört zu den ansehnlichsten, eindrucksvollsten Burganlagen des Harzes, aber seine Bedeutung liegt mit Sicherheit nicht auf ästhetischem, sondern auf historischem Feld. Denn zwischen 1220 und 1235 verfaßte der Ritter Eike von Repgow hier im Auftrage Graf Hoyers von Falckenstein das erste deutschsprachige Rechtsbuch, den „Sachsenspiegel". In Zedlers Lexikon von 1738 steht geschrieben: *Rebkau oder Ribikowe, Ebko oder Eyke von ... weil er aber darinnen* [im Sachsenspiegel] *unterschiedene Gewohnheiten, so wider die päbstliche Rechte lauffen, aufgezeichnet, und so gar des Pabstes Gewalt in weltlichen Dingen in Zweifel gezogen, wurde er zu Rom sehr verhaßt, maßen Gregorius XI. an. 1373 in einer besondern Bulle 14 Artickel vor unkräfftig erklärte ... Sachsenspiegel oder Land-Recht bestehet aus drei Büchern, und diese wiederum aus unterschiedenen Artikuln, in welchen von bürgerlichen und peinlichen Sachen ohne einige Ordnung gehandelt wird ...* In der Vorrede zum Sachsenspiegel heißt es: *Spigel der Saxen sal diz buoch sìn genant, wende* [weil] *saxen reht ist hir an bekant, als einem spigele de frouwen ire antlize beschouwe.*

Die erste schriftliche Fixierung von Recht und Gesetz! Vorher wurden bei Prozessen die Regeln mündlich überlieferten Gewohnheitsrechts zugrundegelegt, und man kann sich leicht vorstellen, welche Willkür damit oft verbunden war. Ritter Eike hat es nun verstanden, diese Prinzipien klar und anschaulich zu formulieren – und damit wurde sein Werk die Grundlage und das Vorbild für weitere Rechtsbücher, aber vor allem die Basis für das allgemeine Rechtsempfinden. Es ist bewunderswert, daß dieser Mann des Mittelalters Sätze niederschrieb, die noch heute einleuchten und deshalb in aller Munde sind, zum Beispiel „Gemeinnutz geht vor Eigennutz" oder „Wer zuerst kommt, mahlt zuerst". Und ist es nicht erstaunlich, daß in diesem mittelalterlichen Werk schon Probleme wie die Gütertrennung bei Scheidung oder die Kündigungsfrist behandelt werden? Doch nicht nur eine

Kreisſpark
Ratskeller
Museum

Im Schloßhof von Wernigerode

Das Wernigeröder Rathaus gehört zu den schönsten Deutschlands.

juristische Leistung ist Ritter Eikes „Sachsenspiegel“, sondern das Buch hat auch literarisch einen hohen Rang, ist es doch das erste Prosawerk in deutscher Sprache!

Doch zurück zur Harzer Landschaft: Gottfried August Bürger, der Schöpfer des „Münchhausen“, bedichtet die Stelle sehr poetisch:

Von drüben herüber, von drüben herab
Dort jenseits des Baches vom Hügel
Blinkt stattlich ein Schloß auf das Dörfchen im Tal,
Die Mauern wie Silber, die Dächer wie Stahl,
Die Fenster wie brennende Spiegel.
Da trieb es der Junker vom Falkenstein
In Hüll' und In Füll' und in Freude ...

Es gibt eine weitere Burg, die mehr aus der Literaturgeschichte als aus der Baukunst bekannt ist, die alte Burg Morungen in der Nähe der Stadt Sangerhausen. Hier wurde Heinrich von Morungen geboren, der sich als Minnesänger internationalen Ruhm erwarb. Experten vergleichen seine Dichtung, was den Geist und die Bildhaftigkeit betrifft, mit den Liedern Walthers von der Vogelweide. Ein einziges Datum ist aus seiner Lebensgeschichte bekannt geworden: 1213 lebte er in Leipzig. Dort, nahe bei der Thomaskirche, befindet sich auch seine letzte Ruhestätte.

Eine frappante Burganlage schließlich empfängt den Harzbesucher in Rieder bei Ballenstedt: die Roseburg. Um die Jahrhundertwende erwarb ein Berliner Architekt das Gelände, auf dem früher einmal eine Burg bestanden hatte, und füllte das Gelände mit einer ganzen Reihe von „antiken Versatzstücken“, Brunnen und Mosaiken aus Italien, Skulpturen aus eigener Werkstatt, einem Bergfried nach Phantasie, einer Kaskade aus den Alpen, kurzum – er baute eine Burg nach seinem Geschmack. Nun, da die Patina der Jahrzehnte sich auf dieses eigentlich recht zweifelhafte Konglomerat abgesetzt hat, ereilt einen so etwas wie ein echtes Burgengefühl, wenn man durch den Garten schreitet und die Steinstufen zum Pallas emporgeht.

Städte aus Holz und Stein: Fachwerk

Wie könnte man von Quedlinburg reden, ohne seine Fachwerkpracht zu erwähnen! Allein im Stadtkern zählte man 1500 Fachwerkhäuser, die aus sechs Jahrhunderten stammen, unter ihnen der älteste Fachwerkbau Deutschlands, der „Ständerbau" in der Wordgasse. Kein Wunder, daß diese Anhäufung von Baukultur von der UNESCO 1995 als erste ostdeutsche Stadt in die Liste des Weltkulturerbes aufgenommen wurde, ebenbürtig den Pyramiden von Gizeh, der chinesischen Mauer, dem Tadsch Mahal und dem Aachener Dom.

Das Stichwort Fachwerk ruft im Harz sogleich bestimmte Namensassoziationen hervor, neben Quedlinburg fallen einem jeden sogleich Goslar, Osterode, Osterwieck, Stolberg und Halberstadt ein. Dessen Stadtkern ging vier Wochen vor dem Ende des letzten Krieges verloren: 82 Prozent der Innenstadt rotteten die Fliegerbomben aus ...

Wer wollte sie wohl vergessen, die bunte Stadt am Harz, Wernigerode. *Seit einer kleinen halben Stunde bin ich hier und schreibe diese Zeilen angesichts des himmlischen Panoramas, das vor dem Lindenberg ausgebreitet liegt. Ich liebe diesen Ort so sehr, daß ich, ich will nicht sagen hier sterben, aber hier begraben sein möchte. Das Bild, die klare Luft, die Frische ...,* so schwärmte Theodor Fontane in einem Brief an seine Frau nach einem Besuch des Wernigeröder Schlosses und seiner Umgebung. Dieses Schloß scheint stilistisch eine Ver-

Wernigerode, Ansichtskarte aus der Zeit um 1900

Das Okertal bei Romkerhalle

wandtschaft mit Neuschwanstein zu haben, es ist in den Formen des Historismus erbaut, jenes Baustils, der sich irgendwo zwischen Zuckerbäckergeschmack und Emporkömmlingsattitüde angesiedelt hat und Mittelalter nur vortäuscht; aber hier in Wernigerode sind echte mittelalterliche Ursprünge nicht zu leugnen: Die erste Burg wurde im 12. Jahrhundert gebaut. Im 17. Jahrhundert machte man ein Barockschloß daraus. Otto von Stolberg-Wernigerode ließ es dann 1862-1885 neugotisch umbauen. Es hat in seinem Innern 250 Räume. Der Graf, der drei Jahre lang Bismarcks Vizekanzler war, brauchte ein Domizil, in dem er den Kaiser standesgemäß empfangen konnte ...

Man mag sich stellen, an welches Fenster man will, so findet man fast immer eine reizende und romantische Aussicht vor sich. Auf der einen Seite breitet sich das friedliche Wernigerode am Fuße des Schloßberges aus, und hinter demselben laufen aufwärts nach dem Gebirge einige sich bald verengende, bald erweiternde Täler hin, in deren Mitte die Renne wie ein nachlässig auf einen Tisch gelegter Silberfaden sich dahinschlängelt, schreibt Novalis (Friedrich Leopold von Hardenberg) 1793 in seinem Reisejournal. Das treffende Wort von *Wernigerode, der bunten Stadt am Harz*, floß übrigens Hermann Löns aus der Feder. Harzverein und Stadtverwaltung waren so clever, ihm die Rechte an dem Slogan im Jahr 1909 abzukaufen ...

Doch zurück zum Fachwerk. Eines der schönsten Häuser der Stadt ist das Krummelsche Haus in der Breiten Straße. Ein Kornhändler hat es 1674 erbauen lassen. Es ist so lückenlos mit Holzschnitzerei geschmückt, daß vom Fachwerk nichts mehr zu erkennen ist. Ursprünglich waren nur die Obergeschosse mit barocken Holzreliefs und ornamentgeschmückten Ständern versehen. Ein späterer Besitzer, der Seilermeister Gerlitz, hat dann 1875 auch die restlichen Fassadenflächen mit figürlichen Holzreliefs in demselben Stil besetzen lassen.

Das Wernigeröder Rathaus zählen Kunstexperten zu den schönsten Europas. Es stammt aus gotischer Zeit und wurde 1498 erbaut, zunächst als Spielhaus: Auf 33 Stützbalken (Knaggen genannt) kann man allerlei Masken und Gestalten beobachten, Heilige, Narren, Musikanten, Tanzende und Zechende. Besonders originell ist ein Liebespaar beim Küssen – der Mann ist so bei der Sache, daß er gar nicht merkt, wie seine Partnerin ihm derweilen das Geld aus der Tasche nimmt. In dem Haus fanden im Mittelalter Hochzeitsfeiern, Tanzveranstaltungen und Glücksspiele statt. Die zum Teil sehr lustigen Schnitzfiguren erinnern an das Haupt-Spielfest des Jahres, die Fastnacht. Erst nach dem Stadtbrand von 1528 hat man das Haus dann der Stadtverwaltung zur Nutzung übergeben. Auch der Brunnen vor dem Rathaus, der erst 1848 hier errichtet wurde, hat mit etwas durchaus

Eigentümlichem aufzuwarten: Auf 25 Tafeln sind die Namen von Wohltätern der Stadt Wernigerode verzeichnet!

Über die schöne Stadt urteilt ein Harz-Führer aus dem Jahre 1899 wie folgt: *Ihr Äußeres zeigt keine historisch-würdevolle Pose wie Goslar und ist doch nicht farblos-modern, sondern wahrt einen leisen alterthümlichen Anhauch; sie wird von großstadtmüden Lebensrückzüglern gern aufgesucht und ist doch kein Pensionopolis, ist beliebte Sommerfrische und doch keineswegs Badeort, weder still noch lärmvoll, weder teuer noch wohlfeil, städtische Eleganz und ländliche Behaglichkeit, reiche Gartenkultur und Waldesstille hart aneinander grenzend, viele rauhe Forstmänner beherbergend und (als besondere Specialität) Chokoladenfabriken und Predigerwitwen, man könnte die Weder-Nochs und Sowohl-Alsauchs noch beträchtlich vermehren, ohne sie zu erschöpfen.*

Wissenswert und aufschlußreich: Wernigerode hat heute 30 000 Einwohner, aber mehr als zwei Millionen Gäste im Jahr!

Nicht viele, aber einige bedeutende Fachwerkbauten finden sich auch in Blankenburg. Das Stadtzentrum fiel noch in den letzten Tagen des Zweiten Weltkrieges den Bomben fast ganz zum Opfer. Die frühere Residenzstadt des Fürstentums Braunschweig-Wolfenbüttel zeigt uns trotz allem heute wieder ein freundliches Gesicht, und auch von der alten Pracht läßt sich einiges erahnen. Zwei Schlösser hat die Stadt, ein mächtig-prachtvolles hoch über den Häusern, eher abweisend als anziehend; und ein fast intimes „Kleines Schloß" inmitten einer Parkanlage, ursprünglich (1725) wohl als Gartenhaus konzipiert und heute Blickpunkt und Höhepunkt des wunderschönen barocken Terrassengartens mit Skulpturen, Grotten und Wasserspielen, dessen Achse beim Schloßbau mündet. Über die Wasserspiele vermerkt eine alte Quelle: *Von den Springbrunnen wurde durch Röhren im fürstlichen Saale noch eine Fontaine der Art getrieben, daß sie, wenn die Herrschaften bei der Tafel saßen, in der Mitte derselben einige Ellen hoch springen konnte. Es war zu diesem Zwecke mitten im Saale ein Bassin angebracht, welches mit Dielen überdeckt war.* Wie wohl überhaupt das Feiern und die Geselligkeit hier zu den angenehmen Gepflogenheiten gehörten: *In der zum Fürstentum erhobenen Grafschaft Blankenburg entfaltete nach dem Vorbilde eines Ludwigs XIV. der prachtliebende Herzog Ludwig Rudolf von Braunschweig (1690-1731) ein überaus farbenreiches und glänzendes Leben und Treiben. Schauspiele, Mummenschanz, Bälle, Karussells, strahlende Feste jeder Art jagten einander. Unter den beliebten Gästen finden wir die wegen ihrer Schönheit viel bewunderte Quedlinburger Pröpstin Auguste von Königsmarck ...* Der Abguß des Braunschweiger Löwen (neben dem

Der „Reichsadler“ auf dem romanischen Marktbecken zu Goslar

Landschaft an der Harzhochstraße

in Ratzeburg der zweite und letzte) gibt sich bescheiden, versteckt neben dem Bauwerk, so daß ihn nur die Wissenden finden.

Zu den Fachwerkmetropolen gehört auch Osterode. Die Endung -rode läßt auf eine Rodungssiedlung schließen. Das übliche waren dazumal Feuerrodungen, nur gelegentlich sind Abholzungen mit der Axt überliefert. Was mit -feld oder -felde endet, wurde dagegen auf einer Lichtung im Wald erbaut. Schon im 13. Jahrhundert gab es wohlhabende Ansiedlungen, und der Chronist Heinrich Rosla schreibt: *... doch giebt ihm vor allem des Reichtums weites Gerücht, daß mit Städten es dicht und mit Dörfern besetzt ist.* Osterode wurde schon 1132 *villa opulentissima* genannt (ungemein reiches Dorf). Wie vielen Dingen, die mit dem Harzgebirge zusammenhängen, liegt auch der Entstehung dieses Ortes eine Legende zugrunde: Die heidnische Göttin des Frühlings, Ostera – die so geschätzt wurde, daß sogar die Christen dem Osterfest ihren Namen gaben –, wurde von Bonifatius, dem gnadenlosen Missionar, in die undurchdringlichen Wälder vertrieben. Die scheue Göttin kam nicht zurück, doch an der Stelle, wo ihr die Opfergaben gespendet worden waren, wuchs eine Burg empor, an deren Fuß eine Stadt entstand: Osterode. Seit dem Mittelalter ist sie ein wichtiges Handelszentrum. Um den Kornmarkt herum gruppieren sich die schönsten Fachwerkbauten, Bürgerhäuser als stumme Reminiszenzen an längst vergangene Baukultur, Rinnesches Haus, Ritterhaus, Kommandantenhaus und und und. Heinrich Heine schreibt: *... von einer letzten Höhe schaute ich nochmals hinab in das Tal, wo Osterode mit seinen roten Dächern aus grünen Tannenwäldern hervorguckt wie eine Moosrose.* Im Museum sind Nachbildungen der Hauptwerke von Tilman Riemenschneider zu sehen, der hier seine Kindheit verbrachte. Daß Osterode seine Geburtsstadt sei, hat sich allerdings als Irrtum herausgestellt: Die Kunstwissenschaft hat erwiesen, daß die Wiege des Künstlers in Heiligenstadt gestanden hat.

Die Stadt Nordhausen gehört im eigentlichen Sinne zu Thüringen, aber wer sich vom Süden her dem Harz nähert, der kommt um dieses Eingangstor nicht herum. Der Name dieser Stadt ist geradezu ein Synonym für Branntwein, und der „Nordhäuser Korn" gehört zu den wenigen ostdeutschen Produkten, die sozusagen die gesamtdeutschen Herzen im Sturm eroberten. Noch im 17. Jahrhundert war die Stadt von Rebstöcken umgeben – doch später, und heute fast ausschließlich, stellt man den Klaren aus Korn oder aus Kartoffeln her. Übrigens hat die Umstellung auf die Kornbrennerei dazu geführt, daß Nordhausen vorübergehend zur „Schweinestadt" wurde, denn das Borstenvieh wußte die Rückstände der Branntweinindustrie wohl zu schätzen. Der gute Ruf des Nordhäuser Korns hatte sich übrigens so schnell über die deutschen Lande verbreitet, daß der Rat 1775 ein Auswanderungsverbot für Brenner erließ.

Die Stadt hat im April 1945 schrecklich leiden müssen. Über zweihundert Bomber der Royal Air Force warfen in einer Viertelstunde so viel Bomben ab, daß nur ein Trümmerfeld zurückblieb. Von jeweils vier Häusern blieb nur eines stehen, und an die 9000 Menschenleben wurden in dieser kurzen Zeitspanne gewaltsam ausgelöscht. So erklärt sich, daß man von der alten Stadt, die König Heinrich 911 mit einer Burg begründet hat, nicht mehr viel vorfindet. Aus Nordhausen, genauer gesagt aus den Bergwerksstollen des benachbarten Kohnsteins und aus der Heimkehle bei Uftrungen, kamen Hitlers schreckliche V-Waffen (V für Vergeltungsraketen), die London und Coventry in panischen Schrecken versetzten – nun war die Vergeltung auf britischer Seite ...

Stolberg: Man nimmt an, daß der Name der kleinen Stadt in den drei Tälern von den Bergwerksstollen her kommt, die, wie in vielen Harzstädten, in der Vergangenheit auch hier das Leben formend mitbestimmt haben; in einer Urkunde von 796 werden bereits die Eisen- und Kupfererzvorkommen genannt, später kamen Zinn, Silber und sogar Gold hinzu. Noch heute erinnert der Saigerturm an diese Zeit, ein Rundturm aus Feldsteinen, der im Mittelalter zur alten Schmelz-

Reiches Fachwerk in Stolberg

… in der Ferne die Kaiserstadt Goslar

Skulpturenschmuck an der
Goslarer Kaiserworth

die blutige Schlacht bei Frankenhausen verloren war, stellte der Graf seine „Rechte" schnell wieder her, widerrief alle seine Zugeständnisse und brach sein gräfliches Wort. Thomas Müntzer, der „Knecht Gottes gegen die Gottlosen", wie er sich selbst nannte, wurde gefangengenommen, auf der Burg Heldrungen von der Inquisition gefoltert und am 27. Mai 1525 bei Mühlhausen enthauptet.

Ein baugeschichtliches Kuriosum findet man im 1482 erbauten Rathaus, einem Fachwerkbau, der innen keine Treppen hat: Die einzelnen Stockwerke sind nur über die neben dem Rathaus emporführende Kirchtreppe zu erreichen!

Wer auf der Suche nach Kuriositäten ist, darf einen Besuch des Auerbergs, ganz in Stolbergs Nähe gelegen, nicht versäumen. Hier hatte Schinkel, der geniale Baumeister des Klassizismus, 1833 für den kunstsinnigen Grafen Joseph zu Stolberg ein riesiges hölzernes Doppelkreuz errichtet, für das er 365 mächtige Eichen schlagen ließ. Knapp ein halbes Jahrhundert stand das Kreuz, da schlug der Blitz ein und zerstörte es. 1896 wiederholte man das Bauwerk, diesmal aus gußeisernen Bauteilen, von über 100 000 Nieten zusammengehalten. Dieser Aussichtsturm „Josephskreuz", benannt nach dem Fürsten, ist einzig in der Welt – und man hat von ihm aus einen einmaligen Rundblick über den Harz, wenn man die Mühe des Aufstiegs nicht scheut.

Seesen, Wappen am Schloß

Folgende Seiten: Die Kaiserpfalz zu Goslar

Die frühere Kaufmannsstadt Seesen lebte heute, wie viele ihrer Schwestern, vom Fremdenverkehr. Auch sie besitzt eine Reihe schöner Fachwerkbauten. Das Sehusa-Fest, das jedes Jahr zwei Tage lang im September stattfindet, ist ein historischer Umzug, der an die tragische und zugleich absonderliche Geschichte der Stadt erinnert. 974 hatte Otto II. das alte Sehusa dem Marienkloster zu Gandersheim geschenkt. Das Wort bedeutet: „Sie hausen am See". Der Stadtbrand von 1522 vernichtete fast alle Häuser. Mitten im dreißigjährigen Glaubenskrieg war Bischof Johann mit einer militärischen Übermacht angerückt, um die Stadt einzunehmen, und selbst die Frauen beteiligten sich ver-

WILHELM DER GROSSE
FRIEDRICH I BARBAROSSA

zweifelt an der Verteidigung. Als schließlich die Stadtmauer von den Angreifern erstiegen wurde, steckten die Seesener ihre Häuser selbst in Brand und flüchteten sich in die Burg. Beide Parteien hatten am Ende nicht das erreicht, was sie sich vorgenommen hatten.

Das Fest findet im Park der Burg Sehusa statt, die Herzog Heinrich der Wunderliche 1297 bauen ließ. Die Kuranlage am Flüßchen Schildau trägt den Namen „Steinway-Park" – nach seinem Stifter William Steinway, dem Sohn des Klavierbauers Heinrich Engelhardt Steinweg, der 1835 in Seesen sein erstes Klavier baute und 1849 mit seinen vier Söhnen nach Amerika auswanderte, weil er vom Klavierbau im Harz nicht existieren konnte.

„Sommerfrische" und Wintersport

Wann war es, daß man die Erholungsqualitäten der Harzlandschaft entdeckte? Es muß zur Zeit der Romantik gewesen sein, als sich das Naturbewußtsein der Menschen grundlegend änderte. In der bis dahin ausschließlich feindlichen Umwelt, die Leben, Gesundheit und Behausung durch alle möglichen Gefahren bedrohte, erkannte man allmählich auch Positives: die Schönheit der Schöpfung, die Ruhe der Wälder, die belebende Wirkung des Wassers, den Reiz der Bergeinsamkeit und die Heilkraft der frischen Luft. Und mit solchen Erkenntnissen grünte natürlich die Hoffnung, die Reiselust der nunmehr anwachsenden Gemeinde der Naturfreunde in bare Münze umzusetzen. Bäder wurden gegründet, Kurorte wuchsen aus dem Boden, Hotels, Pensionen ...

Bad Suderode war schon 1480 bekannt für sein „gutes Wasser", damals im Besitz der Äbtissin von Quedlinburg. 1837 kaufte die Regierung von Anhalt die Solequelle und ließ sie fassen (Behringer-Brunnen). Kurgäste kamen in Scharen. Heute verfügt der Ort über das einzige Kalzium-Solebad Deutschlands. Alexisbad im Selketal basiert auf einem Schwefelstollen. Der Heilwert des Wassers wurde bereits durch eine chemische Analyse des Jahres 1766 erkannt. Die erste Badeanstalt gab es in der Konradsmühle. Herzog Alexius von Anhalt-Bernburg ließ das Heilbad anlegen, und die dankbare Bevölkerung gab dem Ort den Namen des Fürsten. 1813 waren es ganze 281 Badegäste, die anreisten. Im Jahr 1820 kam ein prominenter Musiker zur Kur: Carl Maria von Weber. Der berühmte Dresdener Romantiker zu Gast in dem neu geschaffenen romantischen Harzkurort – das tat man gern der Welt kund. Blankenburg bietet neben seinen Moorbädern den Kurgästen eine kulturell höchst attraktive Umgebung. Das Hubertusbad in Thale, basierend auf einer Chlor-Natrium-Quelle, ist schon 1836 vom Förster Karl Daude gegründet worden, und jahrzehntelang war das „Hubertus-Heilsalz“ ein begehrter Markenartikel. Eine Heimatchronik aus dem Jahre 1889 notiert: *Für der Augen Lust sorgen im Badeort Thale viele Verkaufsbuden und die Toiletten der Damen, zuweilen auch deren Gestalt und Antlitz ...* Schierke, das „Sprungbrett für die Brockenwanderung“, hat sich zu einem gastlichen Höhen-Kurort gemausert, was sich der Chronist und Hüttenschreiber um 1790 sicher nicht hätte träumen lassen, als er notierte, Schierke sei *ein Ort der, wo man auch das Auge hinwendet, nichts als Klippen und Steine aufweiset.* Oder doch? Denn ein paar Zeilen weiter heißt es: ... *es gibt reine Luft in der Höhe und vortreffliches Wasser, auch weiß man daselbst nichts von ansteckenden Krankheiten.* Übrigens hat der hiesige Apotheker Willy Drube der Menschheit einen guten Dienst erwiesen, denn er erfand vor 150 Jahren den „Schierker Feuerstein“, einen wohlschmeckenden Kräuterschnaps, der sich bald schon Freunde in aller Herren Ländern erwarb.

Bad Grund, ursprünglich eine der sieben Oberharzer Bergstädte, in der Silbererz gefunden worden war, ernannte sich 1855 zum Moorheilbad. Die heilklimatische Tradition von Bad Sachsa reicht bis ins Jahr 1874 zurück. Patienten mit Hautproblemen finden hier ihr Mekka, denn es wurde für sie eine spezielle Sole-Licht-Therapie ersonnen. Das „Salzparadies“, ein sogenanntes Erlebnisbad auf vier Ebenen, dürfte einmalig sein. Bad Lauterberg ist eines der bedeutendsten Kneipp-Heilbäder Deutschlands. Wo ab 1500 Kupferbergbau betrieben wurde – ein 280-m-Stollen unter dem Kurpark ist noch begehbar –, tummeln sich heute tausende Erholungsuchende. Bad Harzburg ist stolz auf seinen Brunnen: 1569 wurde eine Salzquelle am Fuß des Burgbergs entdeckt und bald schon die Saline Juliushall gegründet. Bis 1849 lebte die Stadt von der Salzgewinnung. Sechs weitere Quellen konnten erbohrt werden. Dann wurde die Saline geschlossen und der Badebetrieb aufgenommen. Eine Erinnerung an die alten Zeiten ist das Salz- und Lichterfest, das man jedes Jahr im August feiert. Der Chronist Rainer Schulze schreibt 1840: *Köstlich ist die Aussicht vom Gipfel des Burgbergs. Auf ein weites wogendes Meer, von kühn emporstrebenden Baumgipfeln gebildet, trifft der Blick, der nach Süden und Südwesten sich wendet; Harzburg schmiegt sich mit seinen freundlichen Dörfern an den Fuß des Berges an und bildet eine liebliche Landschaft, durch welche die Radau sich anmutig schlängelt, der man es nicht ansieht, daß sie zuweilen, durch die wilden Gebirgswasser*

Norwegische Stabkirche in Hahnenklee

Anzeige aus einem Harz-Reiseführer von 1896

empört, wie ein zürnender Riese ihre Ufer überschreitet und tobend, zum Schrecken des Landmanns, durch die Felder braust. Man braucht nicht mehr hinaufzusteigen wie weiland Gevatter Schulze; eine Großkabinen-Seilbahn bringt einen in wenigen Minuten die 186 Meter nach oben. Beliebt bei den Besuchern ist der Radau-Wasserfall, der 22 Meter tief über die Felsen stürzt, ein Charakteristikum der Gründerzeit: Die vorhandenen landschaftlichen Attraktionen reichten den Gründervätern nicht aus: Man leitete den Radaubach um und schuf damit einen der ersten künstlichen Wasserfälle. Doch nicht nur Landschaftliches interessiert die Gäste von Bad Harzburg; hier gibt es auch urbanes Flair. Harztypische Bierkneipen reihen sich an elegante Boutiquen, Fachgeschäfte wechseln sich mit Marktbuden und Nobelhotels ab, und wer die Bummelallee an der Radau entlangpromeniert, kann fast ohne Unterbrechung unter dem grünen Dach der mächtigen alten Kastanien wandeln.

Der Kurort Braunlage wirbt mit seinem „Prickel-Klima" um neue Gäste, und jährlich im August finden die Köhlertage statt, bei denen jeder zusehen kann, wie nach mittelalterlicher Technologie Holzkohle gebrannt wird. Der Kur- und Berggarten in Braunlage ist heute eine Einmaligkeit im norddeutschen Raum. Einer Laune der Natur verdanken wir ihn: Die alte Wandelhalle stürtzte 1974 durch übergroße Schneelasten ein. Zwei Jahre darauf begann man mit der Neugestaltung. Es entstand nicht nur ein modernes Kurgast-Zentrum auf 2300 Quadratmetern Fläche, sondern auch ein Garten von 14 Hektar Größe, in dem neben imposanten Findlingen aus Wurmberggranit ein Bach, ein Teich mit Fontäne, ja sogar ein Wasserfall zu finden sind. Eine künstlich geschaffene Gesteinsklippe erlaubt einen weiten Blick über den Ort Braunlage mit seinem Hausberg, dem Wurmberg.

In Bad Grund soll der Kurgast nicht nur den Körper im Salzwasserbad laben, sondern es werden ihm auch Höhlenkuren angeboten, die auf der außergewöhnlichen Heilkraft staubfreier Luft beruhen.

Doch nicht die Kurorte und Bäder allein sind es, die für Reisende attraktiv sind. Viele Möglichkeiten aktiver Erholung bieten sich allenthalben an – ob man nun im Fünf-Sterne-Nobel-Hotel residiert oder in der kleinsten Hütte haust, in der bekanntlich ebenfalls Platz für allerlei Glück ist. Viertausend Kilometer Wanderwege sind gut beschildert, und in der Gegend von Hahnenklee haben die rührigen Harzvereine sogar einen Wanderweg für Rollstuhlfahrer eingerichtet.

Der Wintersport ist in einem so bergigen Gebiet wie dem Harz ganz selbstverständlich zu Hause Auch in Jahreszeiten, in denen kein Schnee liegt, erkennt man das überall an den Schi- und Sesselliften in der Landschaft. Was muß das für eine Gaudi gewesen sein, als in St. Andreasberg 1896 das erste Winterfest begangen wurde und die Damen, die sich in knöchellangen Kleidern und auf Schneeschuhen gravitätisch über die weißen Flächen bewegten, lauten Beifall bekamen! Hans Hoffmann schreibt in seinem Buch „Der Harz", das 1899 in Leipzig erschien: *Wenn es in der Natur etwas Köstliches giebt, so ist es ein klarer Wintertag im Waldgebirge. Nun soll aber die Kehrseite des Winterbildes nicht ganz unterdrückt werden. Sich abseits zu den allerschönsten Waldwinkeln hindurchzuschlagen, das kostet zumal bergauf meist ein solides Stück Arbeit, und die Füße pflegen auch beim derbsten Schuhwerk häßlich durchkältet zu werden. Da verschafft nun der neuerdings sich immer schneller einbürgernde*

Blick vom Heiligenstock
über das Harzer Land

Die Hammersteinklippe gehört
zu den schönsten Harzer Felsen.

Schneeschuh eine bedeutende Erleichterung. Bergauf zwar ist die Anstrengung immer noch recht achtbar; aber dann als Lohn die Wonne des Hinabsausens! Gelernt werden will freilich dies Vergnügen; in den ersten Zeiten pflegen die Holzzwillinge unter den Füßen die erbittertsten Kämpfe gegeneinander auszufechten, wobei der beklagenswerte Skiläufer sich weit häufiger in horizontaler als in menschlich aufrechter Stellung vorfindet.

Es fiel das Stichwort Fremdenverkehr. Lehrreich ist das Studium einer Fremdenverkehrs-Chronik, die der Ort Riefensbeek-Kamschlacken geschrieben hat: Ein Privatzimmer kostete 1904 ganze 85 Pfennige (mit Frühstück) – im Jahr 1928 schon zwei bis drei Mark, das Frühstück 50 Pfennige extra – 1955 waren es 14 bis 18 Mark, nunmehr wieder inclusive Frühstück – und 1995 bereits 80 bis 100 Mark!

In der schon erwähnten Harzchronik von 1899 heißt es noch lobend: *Die Kolonie Torfhaus liegt hart an der Paßhöhe der Poststraße von Harzburg nach Braunlage, 576 m über dem Harzburger Bahnhofe, zu Fuß bergauf gegen 3 Stunden Wanderns. Es giebt Leute, die hier ihre Sommerfrische verbringen, und solche sind als hochverständig zu erachten.*

Der Tourismus hat eine Welle von nostalgieverklärten Aktivitäten mit sich gebracht, von Mittelalter-Festen über Renaissance-Wochenenden und Jubiläumsumzüge bis zum Traditions-Budenzauber. Es ist interessant zu wissen, daß noch vor knapp hundert Jahren in der Harzregion wirkliche Volkstrachten getragen wurden. Die schon mehrfach zitierte Chronik von 1899 teilt dazu mit: *Hierbei kommt nur noch das platte Land in Frage, weil in den Städten die Gewalt der Mode nichts übrig gelassen hat. Die Männer kleiden sich entsprechend ihrem Beruf (Gärtner in Grün, Schafshirten mit grauem Mantel und hohem Filzhut, Kuhhirten mit kleinem Filzhut und Lederstiefeln, Schweinehirten mit hellblauem Kittel und langen Stiefeln). Im Stolbergischen tragen die Frauen trübrote Kattunröcke mit großen Kragen (zum Tragen der kleinen Kinder), im Wernigerödischen blauweiße, schräg gestreifte Mäntel, die man „Schilderhaus" nannte. Die Wasserleberin zieht einen schwarzen Rock mit senkrechten roten Streifen an und trägt dazu ein blumenbesticktes Schultertuch und eine seidene Mütze. Wie überall in Deutschland unterscheiden sich die Jungfrauen von den Verheirateten und den Verwitweten durch unverwechselbare Details ihrer Tracht.*

Die Bode und ihre Schwestern

Im Brockengebiet entspringen die Flüsse Oker, Ecker, Radau, Ilse, Kalte und Warme Bode, Oder sowie Holtemme. Sie alle fließen in die Nordsee. Viele von ihnen werden irgendwo gestaut. Warum? Vier wichtige Gründe hatten die Menschen seit jeher dafür: Die Fischzucht – zu den ältesten künstlichen Gewässern dürften die Klosterteiche bei Walkenried und Michaelstein zählen –, die Gewinnung von Energie – man denke an die alten Teiche bei Clausthal-Zellerfeld oder im Gebiet Hasselfelde-Harzgerode, wo Pochwerke, Mühlen und Erzwäschen betrieben wurden –, die Eindämmung von Überschwemmungen und die Wasserversorgung. Die Grabensysteme, die man überall im Oberharz antrifft und die zum „Harzer Wasserregal" gehören, stammen zum Teil noch aus dem Mittelalter. Sie repräsentieren eine Meisterleistung: Mit 75 Teichen, 500 km Gräben und 30 km Stollen trieben sie bis ins 19. Jahrhundert Wasserräder an! Im Jahr 1721 baute man mit hohem Kraftaufwand die 21 Meter hohe Staumauer für den Oderteich – aus Granitblöcken! Mit 1,7 Millionen Kubikmetern Fassungsvermögen war dieser Kunstsee lange Zeit Europas größte Talsperre. Beim Mandelhölzer Teich, einem Stausee aus dem 14. Jahrhundert, brach 1855 nach einem Gewitter der Damm, und die Flutwelle zerstörte Häuser und Brücken in Königshütte und Rübeland. Noch schlimmer kam es in der Silvesternacht 1925/26 an der Bode. Ein Wärmeeinbruch hatte zu schneller Schneeschmelze geführt, und ein Wolkenbruch auf dem Brocken sorgte zusätzlich dafür, daß die Bode gewaltig über die Ufer trat. Allein in Treseburg wurde ein Wasserdurchlaß gemessen, der um das Tausendfache über dem Durchschnitt lag! Kein Mensch dachte bei diesem Jahreswechsel daran, mit Sektkorken zu knallen oder Feuerwerk zu veranstalten. Alle Harzbewohner waren in Sorge um Haus und Hof, ja um ihr Leben. Viele Millionen Mark Schaden richtete die Katastrophe an, Straßen und Schienen wurden unterspült, Brücken und Häuser hinweggerissen. Es grenzte ans Wunderbare, daß Menschen so gut wie gar nicht zu Schaden kamen. Obwohl bereits seit der Jahrhundertwende Pläne für ein Bode-Stausystem ausgearbeitet worden waren – eines davon sah eine Staumauer bei der Teufelsbrücke oberhalb Thale vor und hätte Treseburg und Altenbrak unter Wasser gesetzt –, konnte aus Geldmangel auch nach der geschilderten „Harzer Sintflut" nichts davon verwirklicht werden. Die Söse-Talsperre wurde 1931 als das damals bedeutendste deutsche Trinkwasser-Reservoir erbaut. Von ihr bekommen Göttingen und Bremen noch heute ihr Trinkwasser. 1956 überflutete man den Ort

Die Kirche in Clausthal-Zellerfeld,
größte Holzkirche Europas

Schulenberg an der Oker, und noch heute ragen bei Niedrigwasser die Reste der Schulenberger Brücke aus dem Wasserspiegel heraus. Ein großer verzweigter See ist entstanden, die Okertalsperre. Erst 1959, zu DDR-Zeiten, konnte das erste große Projekt der Harzer Wasserwirtschaft zur Eindämmung von Hochwasserschäden seiner Bestimmung übergeben werden: die Rappbode-Talsperre. Sie ist mit ihrer gewaltigen Staumauer von 415 m Kronenlänge die größte Deutschlands. Zu dem Bode-Stausystem gehören auch Vorsperren, Hochwasserschutzbecken, Speicherbecken zur Energiegewinnung (Pumpspeicherwerk), und in den sechziger Jahren gesellte sich noch die große Talsperre Wendefurth hinzu, die mit dazu beiträgt, den riesigen Wasserbedarf von Halle und Magdeburg zu sichern. Die Hochwassergefahr kann seit der Vollendung dieses wasserwirtschaftlichen Großprojekts als gebannt gelten. Vom Nutzen einmal abgesehen, sind diese großen Wasserflächen auch bedeutende Veränderungen der Landschaft, die der Mensch sozusagen der Schöpfung hinzugefügt hat – gewiß nicht zu ihrem Nachteil.

Zu den reizvollsten Landschaftsgebieten des ganzen Harzes gehört das Bodetal in seiner Vielgestaltigkeit: Wild und bizarr zwischen Thale und Treseburg, anmutig in der Altenbraker Gegend. Am Brocken entspringen ihre drei Quellflüßchen: Kalte und Warme Bode sowie Rappbode, und erst in der Wendefurther Gegend fließen sie vereint als Bode weiter, über Thale, Quedlinburg und Oschersleben, bis sich bei Nienburg ihr Wasser in die Saale ergießt. Der eindrucksvollste Teil des Bodetales ist der, wo Roßtrappe und Hexentanzplatz sie mehr als 300 Meter hoch überragen. So ist es nicht verwunderlich, daß es alljährlich Scharen von Wanderern und Schaulustigen dort hinzieht.

Im Harzgebirg entspringet
Am Blocksberg aus dem Quell,
Rauscht durch den Wald und singet
Die Bode klar und hell.
Bevor von ihren Bergen
Sie fröhlich niederklimmt,
Und von den Nixen und Zwergen
Den letzten Abschied nimmt,
Muß sie sich krümmen und winden
Durch ein wild grausig Tal,
Verschlungene Wege finden
In Bogen ohne Zahl.

So fabuliert der Quedlinburger Dichter Julius Wolff in seinem Poem „Die Bode". Dem Naturschwärmer Goethe hatte es besonders der Teil des Bodetales angetan, der unterhalb der „Schurre" liegt, einem Serpentinenweg, der zu den Roßtrappenfelsen hinaufführt. Der Siebenbrüderfelsen (zwischen Gasthof Hirschgrund und Waldkater) bekam 1949 zu des Dichters 200. Geburtstag den Namen „Goethefelsen". Doch auch mit dem ursprünglichen Namen verbindet sich eine Geschichte: Sieben Brüder waren wegen ihrer Wildheit weithin berüchtigt, und eines Tages hatten sie eine anmutige Jungfer entdeckt, der stellten sie nach. Als diese, außer Atem und schlotternd vor Angst, nicht mehr aus noch ein wußte, rief sie die guten Berggeister an: „Helft mir! Ich bin in arger Bedrängnis!" Und die guten Geister kamen aus den Felsen und sprachen den Bann über die Bösewichter: „Ihr seid wie die wilden Tiere. Drum verwandelt euch in Steine, die eure Gestalt haben!" Und so sind sie entstanden, „die Eule", „die Katze", „der Elefant" und wie sie alle heißen. Goethe übrigens hat angesichts der Bode in seinem Tagebuch vermerkt: *Was ich hier nicht erlernt habe, habe ich erwandert,* ein Satz, der manchem Schüler, hätte er ihn gesagt, gewiß Schelte eingebracht hätte.

Einer der herausragenden Anziehungspunkte für Harztouristen ist die Roßtrappe.

Hoch oben rüttelt und spület
Windstoß und Regenguß,
Tief unten kämpfet und wühlet
Wirbelnd und schäumend der Fluß ...
Da beugen hinüber und bücken
Sich Blöcke mit drohender Wucht,
Als wollten sie überbrücken
Mit ihrem Sturze die Schlucht.

Wiederum ist es Julius Wolff, der so enthusiastische Worte findet. Was hat es auf sich mit dem großen „Hufabdruck", der da so deutlich im Stein zu sehen ist? Der Böhmenkönig Bodo hatte sich eine Braut aus dem Geschlecht der Hünen erwählt. Sie aber mochte seine derben Umarmungen nicht und entfloh ihm auf schnellem Roß. Doch der von Liebe Erglühte folgte ihr über Berg und Tal, durch Wald und Moor. Vom Hufschlag zersplittert, brachen Bäume wie Grashalme, und Funken sprühten aus dem Granit. Immer näher kam der Schreckliche seiner Hünenprinzessin. An dem Platz, wo zu Walpurgis die Hexen ihren munteren Reigen aufzuführen pflegen, versperrte ihr ein grausiger Abgrund den Weg. Ohne langes Bedenken spornte sie ihren

Historisches Bergwerk in Clausthal-Zellerfeld

Rappen, und das Tier setzte gewaltig bald schon über die schauerliche Schlucht hinweg, einen mächtigen Hufabdruck im Felsen hinterlassend. Die Krone fiel der Fürstentochter bei dem kühnen Sprung vom Haupte und versank in den Fluten des Flusses. Bodo setzte hinterdrein, aber er schaffte den Sprung nicht, stürzte mit seinem Roß ins Wasser und ertrank. Seitdem trägt der Fluß Bodos Namen. Einige Historiker haben behauptet, diese Sage solle den erbitterten Kampf zwischen Heiden und Christentum symbolisieren. Doch ist der Kampf der Geschlechter nicht Symbol genug?

Das Bodetal ist heute nicht nur Touristenziel, es wurde auch zur Heimat für seltene Tiere und Pflanzen: Wanderfalken, Fledermäuse und Wildkatzen fühlen sich hier zu Hause. Um die Nistplätze des Eisvogels nicht zu gefährden, wurden in DDR-Zeiten die beliebten Wildwasserfahrten auf der Bode eingestellt; hat man ein wenig Glück, kann man heute den farbenprächtigen Vogel bei seiner Jagd auf Fische beobachten. Der botanisch Ambitionierte findet mit einigem Spürsinn solche Raritäten wie den Rasen-Steinbrech oder die Alpenaster. Die selten gewordenen Eiben haben sich unter die mächtigen alten Buchen gemischt.

Theodor Fontane schreibt in seinem Roman „Cecile“ über die Roßtrappen-Aussicht (beim Restaurant): *Wir sahen in die reiche Landschaft hinein, aus der in nächster Nähe die pittoresken Gebilde der Teufelsmauer und weiter zurück die Quedlinburger und Halberstädter Turmspitzen aufragen. Ich ziehe diese Stelle jeder anderen vor, auch dem Trappefelsen. Dort ist alles Kessel, Eingeschlossenheit und Enge; hier ist alles Weitblick. Und Weitblicke machen einem die Seele weit und sind recht eigentlich meine Passion in Natur und Kunst.*

In früherer Zeit hatte der Fluß eine wichtige wirtschaftliche Bedeutung: Das in den Harzwäldern eingeschlagene Holz wurde zu Tale geflößt. Über die Männer, die im Bodetal diese schwere und gefahrvolle Arbeit verrichteten, schreibt der Quedlinburger Pfarrer und Naturforscher Johann Ephraim Goeze: *Die Flößer hatten Pfähle zwischen den Klippen in den Grund gerammt, lange Ernteseile daran befestigt und sich an den Seilen in die Tiefe hinuntergelassen. Diese Leute mußten sich für den ganzen Tag verproviantieren; erst am Abend wurden sie wieder heraufgezogen.* Beim Frühjahrs- und Herbsthochwasser waren oft an die hundert Flößer im Bodetal tätig, und Unfälle waren bei diesem halsbrecherischen Gewerbe an der Tagesordnung, vor allem im tückischen Bodekessel.

Wenn man von dem im ständigen Anwachsen begriffenen Fremdenverkehr einmal absieht, ist die Region nicht sonderlich reich mit wirtschaftlicher Macht ausgestattet. Immerhin war Thale bis in die

Im Eisenhüttenwerk Thale (Aufnahme von 1958)

jüngste Vergangenheit hinein ein wichtiger Industriestandort. Im Hüttenwerk (hervorgegangen aus einer Hammerschmiede von 1686) wurde die erste eiserne Wagenachse Deutschlands geschmiedet. 1872 hatte die „Hütten-AG“ 350 Arbeiter, 1905 schon 4400, vor der politischen Wende des Jahres 1990 mehr als 8000. Schon 1922 war Thale, das „Dorp to dem Dale“, zur Stadt geworden. Nicht nur die Kurgäste vom Hubertusbad, auch die vielen Kurzbesucher schätzen es, daß man von Thale aus bequem auf die Höhen gelangt. Seit 1970

Das Welfenschloß zu Herzberg mit seinem Christiansturm

führt eine Personenschwebebahn vom Bodetal zu Hexentanzplatz und Bergtheater, seit 1980 ein Sessellift zur Roßtrappe. Der Hexentanzplatz, von dem man eine wunderbare Aussicht in das Bodetal genießen kann, ist heute ein Rummelplatz mit Autokarussell, Andenkenbüdchen, quäkender Lautsprechermusik und überquellenden Abfallkörben, umringt von Cola- und Bierbüchsen, Zigarettenschachteln und Plastelöffeln. Und der Herbstnebel, den unsereinem die romantische Phantasie vorgegaukelt hat, entpuppt sich als Abgaswolke von Autokarawanen. Doch wenn man den ganzen Zivilisationsspuk vergißt und den Fernblick genießt, die Staffelung der Felsen, die hohen Wolken über dem Horizont, wird man bald wieder mit sich und der Welt einig.

Nicht weniger reizvoll, aber wohl etwas weniger populär als das Bodetal ist das Tal der Oker. *Unter den schönen Tälern, welche das Harzgebirge aufzuweisen hat, verdient das Okertal einen der ersten Plätze. Die Oker, eines der bedeutenderen Harzflüßchen, strömt mit dem frischen Reize eines Gebirgswassers in Schlangenwindungen durch das wilde, schöne Tal, hier sich zwischen zackichtem Gestein brausend hindurchdrängend, dort über zertrümmerte Granitblöcke rauschend. Jeder Freund großartiger Gebirgs-Szenen wird sich durch einen Gang in dies Tal reich belohnt fühlen. Wild türmen sich auf beiden Seiten die Steinwände empor; wie von Riesenfäusten gespalten und hingeworfen ragen ringsumher hohe Granitfelsen, und aus den düster beschatteten Tiefen steigen turmähnliche Steinmassen in die Lüfte, die von Baumgruppen umwachsen, durch dichte Laubwaldung umgürtet, und mit hier und da an dem Geklipp wachsenden Tannengebüsch geschmückt sind.* So sah 1839 Christian Duval das Okertal. Die riesigen Steinbrocken, von Wind und Wetter geformt, haben seit eh und je die Phantasie der Menschen beflügelt: Es gibt da einen „Frosch“ und eine „Sitzende Alte“ sowie „Wollsäcke“, Felsen, die man nicht treffender charakterisieren kann. Die „Kästeklippen“ werden sogar als Naturwunder gepriesen, so erfolgreich hat sich hier die Natur als „Bildhauer“ betätigt.

Wer auf der Suche nach Kuriositäten ist, wird hier fündig: In Romkerhalle sieht er mit Verblüffung Fahnen, Wappen, Kutschen, Schilderhäuschen sowie eine Tafel: „Königreich zu Romkerhall“, und tritt er in das Hotel ein, das einem respektablen Wasserfall gegenübersteht, wird er darüber informiert, daß er sich im kleinsten Königreich der Welt befindet. Denn Erina Prinzessin von Sachsen hat 1988 die 2000 Quadratmeter Landes, die bei der Gebietsreform vom Landesvermessungsamt vergessen worden waren, in Besitz genommen und sich offiziell krönen lassen. Je nachdem, wes Geistes Kind der Besucher ist, wird er nunmehr vom Hauch der seligen Monarchie umweht oder es bläst ihm der frostige Wind von gestern in den Nacken ...

Eine eher nützliche Kuriosität hat der kleine Ort Lerbach anzubieten: An vielen seiner Häuser finden sich Tafeln, die minutiös die Geschichte des Hauses, ihrer Erbauer, ihrer Besitzer und Bewohner erzählen. Ein lebendiges Alltags-Geschichtsbuch mit viel Stoff zum Nachdenken ...

Auch darf Harzgerode hier nicht fehlen, denn im dortigen Schloß gibt es einen Rittersaal, für dessen Parkett alle Holzarten verwendet wurden, die im Harzgebirge vorkommen.

Unsere kleine Sammlung wäre unvollständig ohne dieses Histörchen: Der Markgraf Ekkehart hat im Jahr 1002 auf der Susenburg die Anwartschaft auf die deutsche Königskrone verloren, weil er mit seinem Gefolge ein Abendessen, das an diesem Ort feierlich für die Äbtissinnen von Quedlinburg und Gandersheim hergerichtet war, einfach aufgegessen hat.

Heinrich Heine hat Bode, Ilse und Selke drei Schwestern genannt, von denen man nicht leicht entscheiden könne, welche die schönste sei. Über die Ilse schreibt er dann: *Der Berg ist hier mit vielen großen Granitblöcken übersät, und die meisten Bäume mußten mit ihren Wurzeln mühsam den Boden suchen, woraus sie Nahrung schöpfen können. Und doch haben sie sich zu jener gewaltigen Höhe emporgeschwungen, und mit den umklammerten Steinen wie zusammengewachsen, stehen sie fester als ihre bequemen Kollegen im zahmen Forstboden des flachen Landes. – Allerliebst schossen die goldenen Sonnenlichter durch das dichte Tannengrün. Eine natürliche Treppe bildeten die Baumwurzeln. Überall schwellende Moosbänke; denn die Steine sind fußhoch von den schönsten Moosarten, wie mit hellgrünen Sammetpolstern bewachsen. Liebliche Kühle und träumerisches Quellengemurmel. Hier und da sieht man, wie das Wasser silberhell hinrieselt und die nackten Baumwurzeln und Fasern bespült. Wenn man sich nach diesem Treiben hinabbeugt, so belauscht man gleichsam die geheime Bildungsgeschichte der Pflanzen und das ruhige Herzklopfen des Berges. An manchen Orten sprudelt das Wasser aus den Steinen und Wurzeln stärker hervor und bildet kleine Kaskaden. Da läßt sich gut sitzen!*

Im Selketal gibt es den kleinen, reizvollen Ort Mägdesprung, mit dem sich wiederum eine hübsche Legende verbindet: Zwei übermütige Riesinnen unterhielten sich über das Tal hinweg und riefen einander ausgelassene Grüße zu. Da kam ein Bauersmann mit Pferd und Wagen des Wegs, der machte sich über die beiden lustig: „So schöne kräftige Weibsbilder, und sie trauen sich nicht, zueinander zu kom-

Folgende Seiten: Stimmungsvoller Nebeltag an der Okertalsperre

men! Das Flüßchen ist ihnen zu tief!" Da packte eine von ihnen die Wut, sie griff sich das Männlein samt Gespann und sprang zur anderen hinüber. Außer dem gewaltigen Schreck ist ihm nichts widerfahren, aber er war um die Erfahrung reicher, daß der kluge Mann nicht der Frauen spottet, insonderheit wenn sie größer und kräftiger sind als er. Und der Ort Mägdesprung hatte seinen Namen.

Ortsnamen geben oft erst nach eingehender Prüfung ihr Geheimnis preis. Warum „Tanne", wo alles ringsumher von Fichten grün ist? Weil die empfindlichere Tanne, die hier schon vor langer Zeit ausstarb, einst der Heimatbaum gewesen ist. – Wieso „Königshütte", wo doch weit und breit kein Schloß oder Palast steht? Weil an diesem denkwürdigen Ort König Heinrich III. bei einer Hetzjagd, zu der er Papst Viktor II. eingeladen hatte, in dessen Beisein den Tod fand. – Weshalb Altenbrak? Hier gab es in alter Zeit eine Bergbausiedlung, die vom Pech verfolgt war. Die Hüttenanlage brannte durch Blitzschlag nieder. Und als man unter unsäglichen Entbehrungen eine neue gebaut hatte, brach abermals ein Feuer aus. Seitdem hat der Ort „Alte, brachliegende Hütte" geheißen, was sich mittlerweile zu Altenbrak verschliffen hat.

Dort, wo der Harz vielleicht am schönsten ist, im Bodetal, sollen unsere Betrachtungen ihr Ende finden. Sieht sich der Mensch von einer Fülle von Naturschönheiten umgeben, wird er oftmals nachdenklich. Ist unser Planet mit seinen natürlichen Schätzen unser Eigentum? Oder eine Leihgabe? Oder vielleicht gar eine Nagelprobe für unsere menschliche Vernunft? Eckermann hat in einem seiner „Gespräche mit Goethe" schon im Jahre 1829 folgenden klugen Gedanken notiert: *Die Natur versteht gar keinen Spaß. Sie ist immer wahr, immer ernst, immer streng; sie hat immer recht. Die Fehler und Irrtümer sind immer die des Menschen.*

Zeittafel

7. bis 9. Jahrhundert – Entstehung von Wehrbauten gegen die Ungarn

775 – Der Harz wird Jagdgebiet Karls des Großen

8. Jahrhundert – Kloster Brunshausen gegründet
Bergbau in Stolberg nachgewiesen

827 – Halberstadt wird Bischofssitz

852 – Stift Gandersheim gegründet

919 – Heinrich I. wird deutscher König

922 – Pfalz Quedlinburg gegründet

936 – Heinrich I. stirbt in Memleben. Stift Quedlinburg durch Mathilde gegründet

bis 1024 – Regierungszeit der Ottonen (Otto I. bis 973, Otto II. bis 983, Otto III. bis 1002, Heinrich II. bis 1024)

950 – Markgraf Gero gründet das Stift Gernrode

963 – Stiftskirche Gernrode geweiht

968 – Silberfunde im Rammelsberg bei Goslar

959 – Stiftskirche Frose erstmalig erwähnt

972 – Königspfalz Tilleda erstmals erwähnt

989 – Der Bischof von Halberstadt erhält das Münzrecht

994 – Markt- und Zollrecht für Quedlinburg

1005 – Erste Erwähnung der Kaiserpfalz Goslar

1009 – Goslar: Erster Fürstentag unter Heinrich II.

1024 bis 1125 – Regierungszeit der Salier (Konrad II. bis 1039, Heinrich III. bis 1056, Heinrich IV. bis 1106, Heinrich V. bis 1125)

1050 – Goslar: Neubau der Kaiserpfalz und Weihe des Kaiserdomes

1065 – Baubeginn der Harzburg (Heinrich IV.)

1070 – Baubeginn St. Servatius in Quedlinburg

1110 bis 1120 – Burg Wernigerode erbaut

Osterode, die reizvolle Fachwerkstadt

1127 – Kloster Walkenried gegründet

1136 – Baubeginn Liebfrauenkirche Halberstadt

1148 – Wipertikirche in Quedlinburg erbaut

1152...bis 1190 – Burg Kyffhausen ausgebaut

1178 – Heinrich der Löwe läßt Halberstadt zerstören

1186 – Neuwerkkirche in Goslar geweiht

1218 – Nach dem Ende der Welfenherrschaft zerfällt der Harz in viele kleine Fürstentümer

1220 bis 1235 – Eike v. Repgow schreibt auf dem Falkenstein den Sachsenspiegel, das erste Rechtsbuch Deutschlands

1239 – Baubeginn des Halberstädter Doms

1241 – Osterode tritt der Hanse bei

1281 – Goslar tritt der Hanse bei

1293 – Osterode erhält Stadtrecht

1340 – Goslar wird Freie Reichsstadt

1387 – Halberstadt tritt der Hanse bei

1426 – Quedlinburg tritt der Hanse bei

1461 – Quedlinburger Roland aufgestellt

1477 – Blutige Fehde zwischen Quedlinburger Bürgerschaft und Stift

1482 – Rathaus Stolberg erbaut

1490(?) – Thomas Müntzer in Stolberg geboren

1491 – Halberstadt: Stephansdom geweiht

1520 – Bergstädte Clausthal und Zellerfeld gegründet

1522 – Seesen: Stadtbrand vernichtet einen großen Teil des Ortes

1525 – Bauernkrieg

1527 – Kloster Grauhof in Goslar gegründet (besteht bis 1975)

1532 – Erster Erzabbau in Bad Grund

1535 – St. Andreasberg: Erste Andreastaler geschlagen

1536 – Rübeland: Baumannshöhle entdeckt

1536-42 – Holzkirche Clausthal erbaut

1556 – Georg Agricola verfaßt das Werk „De re metallica"

1596/7 – Wernigerode: Von 2500 Einwohnern sterben 1800 an der Pest

1721 – Oderteich, ältester Stausee Deutschlands, eröffnet

1724 – Friedrich Gottlieb Klopstock in Quedlinburg geboren

1725 – Blankenburg: Kleines Schloß

1733 – Kupferbergbau in Lauterberg

1736 – Erste Schutzhütte auf dem Brocken

1750 – Rabensteiner Stollen bei Illfeld: Steinkohlebergbau

1757 – Regenstein-Bauten durch Friedrich II. vernichtet

1775 – Bergakademie Clausthal gegründet

1777 – Goethe auf dem Brocken

1797 – Der Brocken zählt jährlich 421 Besucher

1824 – Harzreise Heinrich Heines. Glashütte im Jacobsbruch eröffnet

1831 – Hans Christian Andersen im Harz

1833 – Zellerfeld: „Fahrkunst". Schinkel erbaut hölzernes Doppelkreuz auf dem Auerberg

1836 – „Hubertusbad" in Thale eröffnet

1862 – Eisenbahn Berlin-Thale in Betrieb genommen

1862-85 – Schloß Wernigerode neugotisch umgebaut

1866 – „Hermannshöhle" in Rübeland entdeckt

1890 – Botanischer Alpengarten auf dem Brocken eröffnet
Baubeginn des Kyffhäuserdenkmals

1896 – Rammelburg niedergebrannt. Errichtung eines eisernen „Josephskreuzes" auf dem Auerberg. „Winterfest" in Andreasberg

1897 – Erste Lok für Harzbahn gebaut

1899 – Die Harzquerbahn wird in Betrieb genommen

1903 – „Rosarium" Sangerhausen eingeweiht

1908 – Hölzerne Stabkirche in Hahnenklee erbaut

1910 – Grube Samson stellt Erzverhüttung ein

*Folgende Seiten:
Waldweg im Sösetal*

1920 – „Heimkehle" der Öffentlichkeit übergeben

1925/25 – Verheerendes Bode-Hochwasser

1931 – Söse-Talsperre eröffnet

1936 – Die Nazis entweihen die Stiftskirche zu Quedlinburg

1944 – In der Heimkehle werden V-Waffen produziert

1945 – Schwere Verwüstungen durch Kriegshandlungen, vor allem in Halberstadt und Nordhausen. Der Harz wird politisch geteilt.

1949 – BRD und DDR gegründet

1954 – Halberstadt Liebfrauenkirche wieder aufgebaut

1959 – Nach siebenjähriger Bauzeit wird die Rappbode-Talsperre fertig

1961 – Mauerbau durch die DDR. Die Brockenbahn wird stillgelegt

1970 – Personenschwebebahn Thale eingeweiht

1981 – Auf dem Brocken werden 2800 Meter Mauer errichtet

1986 – Eröffnung der Feininger-Galerie in Quedlinburg

1989 – Die Brocken-Mauer wird geöffnet

1990 – Schwefelkies-Abbau im Ostharz eingestellt

1991 – Die Schmarlspurbahn fährt zum ersten Mal wieder auf den Brocken

1992 – Das Brockengebiet (6000 Hektar) wird Nationalpark Erzbergwerk Rammelsberg kommt in die Weltkulturerbe-Liste.

1993 – Rückkehr des Quedlinburger Domschatzes aus den USA.
Straße der Romanik eröffnet

1994 – Nationalpark Harz in Niedersachsen ausgerufen [15 000 Hektar]

1995 – Quedlinburg wird als erste ostdeutsche Stadt in die UNESCO-Liste des Weltkulturerbes aufgenommen

Literaturhinweise

ADAC Kultur-Reiseführer Deutschland, München-Stuttgart 1994
Baedeker Deutschland, Ostfildern 1990
Boockmann, H.: Die Stadt im späten Mittelalter, Leipzig 1986
Buresch, G.: Stolberg im Harz, Leipzig o. J.
Christliche Kunst im Kulturerbe der DDR, Berlin 1982
Dehio, G.: Handbuch der Kunstdenkmäler Halle/Magdeburg, Berlin 1974
Denecke, R.: Goethes Harzreisen, Hildesheim 1980
Deutschland, Gütersloh 1960
Dornseiff, S.: Der Harz, München 1991
Ereignisse, die Deutschland veränderten, Stuttgart 1995
Flemming/Lehmann/Schubert: Dom und Domschatz Halberstadt, Berlin 1973
Förstner, D.: Sagen und Märchen aus dem Harz, Atzbach 1978
Geerdts, H. J.: Der Harz, Leipzig 1965
Gretzschel/Jung: Der Harz, Hamburg 1995
Große/Wolff: Harz grenzenlos, Würzburg 1992
Gynz, G. v.: Harzansichten, Wernigerode 1991
HB-Bildatlas Harz, Hamburg 1994
HB-Kunstführer Harz, Hamburg 1993
Heine, H.: Reisebilder, Leipzig o. J.
Hoffman, H.: Der Harz, Würzburg 1982
Kieling/Priese: Historische Stadtkerne, Berlin 1984
Kleemann, S.: Führer durch Quedlinburg, Quedlinburg 1809 und 1905
Klemm, H.: Harzreise im Sommer, Dresden 1952
Knape/Dressler: Harz, München 1993
Knape/Böhle: Wernigerode, Leipzig 1986
Krahe, F. W.: Burgen des Mittelalters, Würzburg 1994
Koehler, E.: Gernrode – Bad Suderode, Leipzig 1964
Koehler, E.: Harzgerode – Ballenstedt – Alexisbad – Mägdesprung, Leipzig 1965
Kulturspiegel des 20. Jahrhunderts, Braunschweig 1984
Lindau, H.: Das Bodetal, Leipzig 1978
Lindemeier, A.: Harzreisen, Hannover 1991
Möbius, F. und H.: Sakrale Baukunst, Berlin 1969
Müller, H.: Berge, Bode, Burgen, Leipzig 1984
Müller, H.: Dome – Kirchen – Klöster, Berlin 1984
Müller, H.: Quedlinburg; Leipzig 1971

Folgende Seiten:
Die Odertalsperre

Ostharztalsperren, Leipzig 1973
Pantenius, M.: Tore zum Harz, Halle 1993
Piltz, G.: Burgen und Festungen, Leipzig 1981
Piltz, G.: Schlösser sah ich und Türme, Berlin 1980
Pörner, E.: Wernigerode, bunte Stadt am Harz, Leipzig 1963
Reisehandbuch Harz, Leipzig 1983
Rössing, R.: Quedlinburg, Rudolstadt 1992
Rössing, R.: Quedlinburg, so wie es war, Düsseldorf 1992
Schmidt, U.: Harz – kennen und lieben, Lübeck 1983
Schulze, R.: Der Harz mit seinen Merkwürdigkeiten ..., Leipzig 1839
Schumann, K.: Museumsführer Harz, Halle 1991
Weinfurter, St.: Die Salier und das Reich, Sigmaringen 1991
Wiese, H.: Rübeländer Tropfsteinhöhlen, Leipzig 1966
Yapp, N.: Lebensalltag im Mittelalter, London 1993
Zerback/Geerdts: Der Harz, Leipzig 1965

The Harz Mountains

The most northerly of Germany's low-mountain regions is not only remarkable for the beauty and variety of its landscapes but also because it is a cradle of German history. Heinrich I, who was crowned in 919, is buried in Quedlinburg; the imperial city of Goslar contains many architectural reminders of the historic past, for example the Imperial Palace as a prestige building and the cathedral porch as a relic of what was once an important minster. Churches, half-timbered houses, the town hall, the magnificent Kaiserworth with its ornamental sculptures – all this is a reminder of a time when the Harz was at the heart of German self-identity. And finally, legend has it that emperor Barbarossa slumbers on until the time when he is able to bring peace and ultimate justice to the German people.

Without doubt the Harz rose to economic power thanks to mining: silver was found in many places here as early as the first millenium AD. Mints were founded; prosperity, indeed riches, beckoned. In Clausthal-Zellerfeld one can still visit the workings deep underground in which miners dug the ore that was smelted on the surface. In the St Andreasberg Mining Museum one can even see some of the tools described by Georg Agricola in his work "De re metallica" (1556), the first comprehensive description of the art of mining. The cradle of Harz mining lies in Goslar, for it was here on the Rammelsberg that once upon a time the hooves of a furious horse are said to have uncovered a vein of silver. The shaft, which was still in use until 1988, has in the meantime been included in the UNESCO world heritage list, the first technical monument to be given this honour.

The wondrous and bizarre caves of the Harz are closely connected with mining. Baumann's Cave in Rübeland takes its name from the pit foreman, Baumann, who, while looking for ore, found the first limestone cave in Germany with stalactites and stalagmites – and paid for it with his life. The second Rübeland cave, Hermann's Cave, and the two at Scharzfeld are also popular attractions. The biggest Harz cave, "Heimkehle", a gypsum cave, has had a chequered history. In the Thirty Years' War it served as a hiding place for peasants; in the 19th century it was discovered for tourism; during the Nazi period deported foreign workers were forced to build the notorious V2 rockets here. The cave had thus become an arms factory and so after the collapse of Nazi Germany the Allies decided to blow it up. It was not until 1954 that this geological monument was reopened for lovers of natural beauty.

Die Kuranlagen von Bad Lauterberg

Radau-Wasserfall, ein künstlicher Wasserfall bei Bad Harzburg

Since the Romantic period the beauties of the landscape have attracted many artists and writers. Goethe visited the Harz a number of times and in "Faust" created a permanent literary monument to the region and in particular to its highest mountain, the Brocken. Heinrich Heine paints a vivid picture of the place and its people in his "Reisebilder" (travel pictures). The Danish fairy-tale author Hans Christian Andersen toured the region; the poets Kloppstock, Kleist, Novalis and Fontane were here. Hermann Löns called Wernigerode the "colourful town in the Harz", a soubriquet that is still being intensively marketed by the Harz Club and tourist organizations.

In order to open up the beautiful landscape and make travelling quicker and easier a narrow-gauge railway with a one-metre gauge was built linking all the important places in the Harz. The maiden trip on the Harz cross-country railway took place on 27 March 1899 and had entailed the building of 400 bridges all told. The Harz also has the only narrow-gauge tunnel in eastern Germany. Trains travel at a speed of 20 to 25 kilometres per hour. Between Steinerne Renne and Drei-Annen-Hohne the train has to climb 229 metres over a distance of 8.2 kilometres and also negotiate 72 bends. The railway thus has the steepest gradient in Europe, except for rack-railways. The Harz cross-country railway includes the Brocken railway, with the very steepest gradient (the station is at 1,125 metres), and the Selketal railway, which is regarded as the most romantic stretch of line. The Harz railway covers 132 kilometres and has 35 stations. Since 1972 it has been under a preservation order.

The Brocken, with 1,142 metres the highest mountain in the Harz, is now once more a major attraction for visitors, walkers and globetrotters. In the whole year of 1797 421 visitors were counted on the Brocken summit; on 3 October 1990, the "Day of German Unity" there were 55,000 on a single day. The history of the moutain has two unique features. In the 16th century a Stolberg doctor collected and systematized all the flowers that he found here and on this basis created the first German plant identification book. And in the 19th century, botanists laid out the first Alpine garden in the world on the Brocken plateau. The fact that the Brocken was for a long time a prohibited area and not open to visitors was of great benefit to the flora and fauna. Conservationists are afraid that the new tourist onslaught may damage this "reserve". In 1991 the whole Brocken region was declared the "High Harz National Park"; the "Harz National Park" in Lower Saxony followed in 1994.

Numerous myths and legends are associated with this region. "Walpurgisnacht" is celebrated by witches and devils, above all on the

Brocken, and little Brocken witches are much in demand as souvenirs at the tourist kiosks. Relics of many pagan customs have survived, above all Johannisfeuer (St John's bonfires) at the summer solstice, fire wheels, etc. Some places have names which give a hint of the legends attaching to them, for example the Teufelsmauer (devil's wall), the Hexentanzplatz (witches' dancing ground), the Roßtrappe (horse's hoofprints) or the village of Mägdesprung (maids' leap).

But one does not only find evidence of superstition in the region but also many important monuments of early Christian culture, for example the Ottonian church in Gernrode (St Cyriakus') with its unique "Holy Sepulchure"; the magnificent cathedrals of Halberstadt and Quedlinburg; and the abbeys of Walkenried, Drübeck and Michaelstein. The three wooden churches of the Harz are very original - the smallest in Germany is at Elend, the biggest in Clausthal and the stave church, built on the model of Norwegian village churches, in Hahnenklee.

Castles in the Harz - an inexhaustible topic. Just a few examples: Regenstein castle near Blankenburg, the Guelf castle on the castle hill in the town of Herzberg and the romantic castle of Falkenstein above the Selke valley where the knight Eike von Repgow wrote the first German law book, the "Sachsenspiegel".

What would the Harz be without its towns of half-timbered buildings? Whether in Goslar, Quedlinburg, Wernigerode, Osterode or Stolberg – the splendid half-timbered houses tell a story of several hundred years' high civic architectural culture. In Seesen a great fire destroyed all the old buildings and the annual "Sehusa-Fest" is a reminder of this terible event. Halberstadt lost the whole of its precious half-timbered centre in a hail of bombs shortly before the end of the Second World War.

In the Romantic period a new feeling for nature awakened, also in the Harz region. In former times jagged mountains, gloomy forests and mysterious lakes were seen as a threat and a source of fear for human beings, but many people now began to become aware of their beauty and to enjoy mountain air, clear water and the smell of leaves and forest soil. People began to discover the Harz as a region for holidays and relaxation. Ramblers came and soon health resort visitors, too. Medicinal springs were discovered, spas were founded. Where mining was dying out for lack of new ore deposits people began to switch over to looking after visitors. "Summer holidays" and "winter sport" became really modern notions. And (not entirely by chance) visitors brought money into the region. Today, names such as Bad Harzburg, Bad Sunderode, Bad Sachsa, Hubertusbad, Alexisbad or Braunlage are synonymous with relaxation and recuperation.

Folgende Seiten:
Weit schweift der Blick vom Ravensberg übers Bergland

Rivers and streams with their melodious names: Bode, Ilse, Oker ... rise in the Brocken area. Since time immemorial human beings have dammed up streams and rivers and so changed the landscape. They have done this essentially for four reasons: first, fish-farming; later, the production of energy (for example for mining or manufacturing); thirdly to prevent repeated flooding; and finally to provide drinking water. The Harz has many such dams, storage reservoirs and artificial lakes whose artificiality is no longer recognized. One should not consider water only from a utilitarian point of view, however. How much beauty they radiate - the idyllic Ilse Falls, the wildly romantic Okertal, the deeply incised valley of the Bode between the cliffs of the Roßtrappe and Hexentanzplatz! This is a landscape which makes anyone who has ever experienced it at first hand return again and again.

List of Illustrations

cover	The Brocken
pages 2/3	In the baroque park at Blankenburg near the Kleines Schloß (Small Castle)
page 9	Quedlinburg, Merian engraving, around 1650
page 11	St Servatius' foundation church on the Domberg (cathedral hill) in Quedlinburg
page 12	The Kyffhäuser Monument
page 13	Emperor Friedrich Barbarossa, woodcut, 16th century
page 14	Quedlinburg, am Finkenherd
page 15	Statue of Roland in front of the town hall in Quedlinburg
page 16	Goslar, Merian engraving, around 1650
page 17	Goslar, cathedral porch, the only remaining part of the old foundation church
pages 18/19	View from Hexentanzplatz (Witches' Dancing Ground) into the Bode valley
page 22	Gernrode with the foundation church, an Ottonian building
page 23	Teufelsmauer (Devil's Wall) near Neinstedt
page 24	Illustration from Georg Agricola's "De re metallica"
page 25	The Rammelsberg mines, around 1680
page 26	Ballenstedt Castle, a baroque building of 1756
page 27	Falkenstein Castle above the Selke valley
page 29	Sangerhausen, Merian engraving, around 1650
page 30	Harzgerode, with its half-timbered buildings
pages 30/31	The garden of Roseburg castle, between Ballenstedt and Rieder
page 32	Baumann's Cave, Rübeland; Merian engraving, around 1650
page 33	Rübeland: in Baumann's cave. Photograph 1951
pages 34/35	A foggy day near the Hohneklippen
page 37	Rübeland and its caves
page 38	Stolberg, the birthplace of Thomas Müntzer
page 39	Town and castle, Stolberg
pages 42/43	The Harz cross-country railway
page 45	On the Brocken, drawing by Ludwig Richter
pages 46/47	Rappbodetal dam, seen from Rotestein

Der Roland von Nordhausen

Klosterruine von Walkenried,
12. Jahrhundert

page 47	The iron cross of Joseph (observation tower) on the Auerberg
page 50	Trautenstein church
page 55	The Questenberg Roland
page 57	Gernrode, foundation church. West wall of the Holy Sepulchre
pages 58/59	Rübeland, the town of limestone caves
page 60	Gernrode, foundation church. Detail from the Holy Sepulchre
page 62	Blauer See (Blue Lake) which is actually green
page 64	Michaelstein, Merian engraving, around 1650
page 65	Quedlinburg, crypt of St Servatius' foundation church
page 66	Cloisters in Michaelstein abbey near Blankenburg
page 67	The castle park, Blankenburg
page 68	Quedlinburg cathedral treasure: detail from the knotted tapestry (around 1200)
page 69	Halberstadt cathedral treasure, detail from the Abraham tapestry
page 70	The Bode valley near Teufelsbrücke (Devil's Bridge)
page 71	The Ilsefälle (Ilse waterfalls) inspired Heinrich Heine.
page 72	Regenstein castle ruins, near Blankenburg, Merian engraving, around 1650
pages 74/75	Regenstein, the oldest stone-built castle in the Harz
page 75	Wernigerode Castle, built in the 19th century
page 76	In the crypt of Konradsburg Castle near Ermsleben
pages 78/79	Wernigerode town hall is one of the most beautiful in Germany
page 79	In the courtyard of Wernigerode Castle
page 81	Wernigerode (picture postcard, turn of the century)
pages 82/83	The Oker valley near Romkerhalle
pages 86/87	Landscape along the Harz mountain road
page 87	The "imperial eagle" on the Romanesque market fountain in Goslar
page 89	Rich half-timbered work in Stolberg
page 90	... in the distance the imperial town of Goslar
page 91	Sculptural decoration on the Kaiserworth in Goslar
page 92	Thomas Müntzer, a 16th century portrait
page 93	Seesen, coat of arms on the castle
pages 94/95	The Imperial Palace in Goslar

page 99	Norwegian stave church in Hahnenklee
page 100	Advertisement from a travel guide to the Harz, 1896
page 102	The Hammersteinklippe is among the most beautiful Harz crags
page 103	View across Harz country from Heiligenstock
pages 106, 107	The church in Clausthal-Zellerfeld, the biggest wooden church in Europe
page 111	Historical mine in Clausthal-Zellerfeld
page 113	Inside the Thale ironworks. Photograph 1958
pages 114, 115	The Guelf Castle at Herzberg with Christiansturm tower
pages 118/119	The special atmosphere of a foggy day at the Oker valley dam
pages 122, 123	Osterode, the charming half-timbered town
pages 126/127	Forest path in the Söse valley
page 130/131	The Oder valley dam
page 134	Radau Waterfalls, artificial falls near Bad Harzburg
page 135	The park in the health resort of Bad Lauterberg
pages 138/139	From Ravensberg the eyes wander far and wide across mountainous country
page 142	The Roland statue in Nordhausen
page 143	Abbey ruins at Walkenried, 12th century
pages 146/147	The Brocken from the south
page 150	Winter in the Harz
Page 151	Hohegeiß, a very popular winter sports centre

Folgende Seiten:
Der Brocken vom Süden

Ortsregister

(Die kursiven Seitenangaben bezeichnen Abbildungen.)

Alexisbad 96
Altenbrak 49, 105, 108, 120
Bad Frankenhausen 93
Bad Gandersheim 7, 93, 117
Bad Grund 28, 97, 101
Bad Harzburg 48, 97, 100, 104, *134*
Bad Hersfeld 10
Bad Lauterberg 61, 97, *135*
Bad Sachsa 97
Bad Suderode 96
Ballenstedt *26*, *30/31*, 80
Benneckenstein 49
Blankenburg *2/3*, 56, *66*, 72, *74/75*, 85, 97
Braunlage 41, 52, 101, 104
Braunschweig 64, 73, 85
Calenberg 73
Clausthal-Zellerfeld 21, 28, 69, 105, *106*, *107*, *110*, *111*
Corvey 64
Drei Annen Hohne *34/35*, 40, 44
Drübeck 64
Elbingerode 28
Elend 45, 48, 69
Ermsleben *76*
Fritzlar 9
Frose 64, 65
Gernrode *22*, 41, 57, 60, 65, *90*, *91*
Goslar 10, 13, 16, 61, 81, 85, *87*, *90*, *91*, *94/95*
Göttingen 10, 45, 105
Hahnenklee 40, 53, 69, *99*, 101
Halberstadt 7, 10, 29, 68, 69, 81, 112
Halle 10, 45
Hannover 10, 21
Harzgerode *30*, 41, 105, 117
Hasselfelde 105
Heiligenstadt 88
Heldrungen 93
Herzberg 36, 61, 73, *114*, *115*
Hettstedt 7
Hohegeiß 29, 48, *151*
Ilsenburg 40, 52, 53
Joachimsthal 21
Klettenberg 21
Königshütte 105, 120
Leipzig 12, 80
Lerbach 117
Lohra 21
Magdeburg 77
Mägdesprung 117, 120
Mansfeld 28
Meisdorf-Falkenstein *27*, *76*, *77*
Merseburg 10
Michaelstein 64, *67*, 105
Morungen 80
Mühlhausen 93
Neinstedt *23*
Neustadt 10
Nordhausen 10, 41, 61, 88, *142*
Oschersleben 108
Osterode 81, 88, *122*, *123*
Osterwieck 81
Quedlinburg 7, 9, *11*, 13, *14*, *15*, 56, 65, 68, 72, 81, 85, 96, 108, 109, 112, 117
Questenberg 10, *55*, 56
Rammelsberg 25, 61
Reichenau 10

Rieder *30/31*, 80
Riefensbeek-Kamschlacken 104, *126/127*
Romkerhalle *82/83*, 116
Rübeland 28, 32, 33, 36, *58/59*, 105
Sangerhausen 29, 32, 80
Scharzfeld 36
Schierke 44, 49, 97
Schulenberg 108
Seesen 48, 93, 96
Sorge 45
St. Andreasberg 21, 28, 101
Stolberg *38, 39*, 45, 48, 81, 89, 92, 104
Straßberg 28
Tanne 120
Thale *18/19*, 53, 56, 97, 105, 108, 112, 113
Timmenrode 56
Torfhaus 49, 104
Trautenstein *50*
Treseburg 28, 105, 108
Uftrungen 89
Veckenstedt 52
Walkenried 41, 61, 105, *143*
Wasserleben 104
Wendefurth 108
Wernigerode 41, *75, 78, 79*, 81, 84, 85, 104
Wildemann 28
Wolfenbüttel 85

Hohegeiß, ein sehr besuchter Wintersportort

Harzwinter

© by RV Verlag, München – Stuttgart
Ausschnitt aus Euro-Länderkarte Deutschland 1 : 800 000